学生のレポート・論文作成トレーニング 改訂版

スキルを学ぶ21のワーク

桑田てるみ 編

実教出版

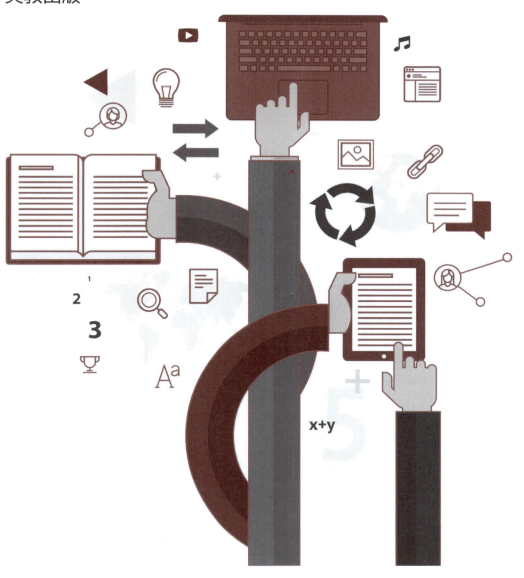

はじめに

　本書は，レポート・論文とは何かといった基本的事項を知り，レポート・論文が書けるようになるだけではなく，次のような能力をきたえることも意図しました。

　大学の授業では，さまざまなタイプのレポートや論文を書くことが課されます。レポート・論文には，本を読んで報告を書くタイプ，指定されたテーマや論点に沿って書くタイプ，自分でテーマや論点を設定するタイプなどがあります。しかし，どうやって書いたらいいのかについてしっかりと把握している学生は少ないようです。

　また，レポート・論文を書くことが社会に出てからも必要とされる能力の向上になることを知っている学生も少ないようです。実は，レポート・論文を書く能力は，社会でさまざまな問題を解決しながら生き抜いていくために必要な能力と同じものが多いのです。つまり，レポート・論文を書くトレーニングは，さまざまな能力を手に入れるトレーニングにもなるわけです。

　以上の点をふまえ本書では，大きく2つの目的が達成できるような編集を考えました。

　　①レポート・論文が書けるようになる
　　②レポート・論文の執筆を学ぶことで，社会に通じる基本的能力を磨く

　本書で学べる能力は次のようなものです。

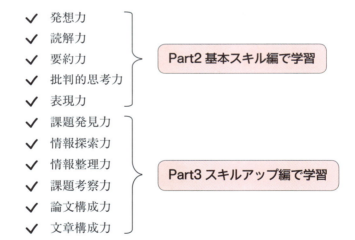

　本書を使ってトレーニングすることで，レポート・論文が書けるようになる能力を養うと同時に，今後の社会を生きる基本的能力も手に入れましょう。

本書の使い方

本書を利用する2つの方法

学ぶ目的にあわせて，本書では2種類の学習方法を選ぶことができます。

◎最初から段階的に学ぶ……………………………………………………………

　オリエンテーション編から段階的に学ぶことで，次第にスキルアップがはかれるように編集しています。そこで，まず基本を知り，レポート（ブックレポート）を書き，論文を書き，卒業論文の準備をするという順番を追って学んでいくことができます。

◎必要なWorkだけ選択して学ぶ……………………………………………………

　本書の特徴は，単にレポート・論文を書くことだけを目的にしていません。書くプロセスを踏むなかで必要となる能力を磨きあげることも目的としていますので，必要となる能力が学べるWorkだけを選択して学ぶこともできます。

取り組み方のヒント

　効果的な学習の取り組みができるように，見出しやアイコンには意味があります。確認してから取り組んでください。

各Workを始める前に

身につけるスキル	Workで身につけてほしいポイントを確認しましょう。
	各Workで行う学習活動を明記しています。学習の準備をしましょう。

学習のために

本文	説明をよく読んで学習活動を進めましょう。
コラム	さまざまな学習の意義を取り上げて説明しています。

各Workの学習中に

	身につけてほしいポイントを練習するための問題です。
	確認してほしい事項です。
Work sheet	レポート・論文を書くために必要な作業をワークシートとしてまとめています。これを使って実際にレポート・論文を書いてみましょう。
	このマークがあるシート類はダウンロードできます。

本文の理解を助けるために

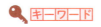	重要な語句，難しい用語について解説しています。
	学習活動をするうえで参考にしてほしい事柄を示しています。
	重要ポイント，気をつけてほしいポイントを解説しています。
	本文の説明に関連した効率的な情報の活用方法などについて説明しています。

学びの Before

❓ レポート・論文の書き方を知らないと，どう書いたらいいのかわかりませんね。書き方を知らないままに書くと・・・

- ▶ ネットからのコピー＆ペーストだけでなんとかつくりあげる
- ▶ 自分なりの意見や主張の書き方など知らない
- ▶ 「私は〜思いました。」「〜はおもしろかったです。」という感想文を書く
- ▶ 「です・ます」と「である・だ」を混ぜて書く
- ▶ 文字の大きさやフォントがバラバラでも気にしない
- ▶ 一生懸命に書いても，せいぜい 600 字を書くのが限界だ
- ▶ 課題の内容にあわせて書くなんて考えたこともない

> このような書き方で書いた文章は，「レポート・論文ではない！」と評価されます。

- 氏名が書いていない！
- ネットの丸写し！
- 文字の大きさやフォントがバラバラ！
- 常体（だ・である）で統一されていない！
- レポート・論文らしい表現になってない！
- 余計なことは書かない！

大学生の就職について

　厚生労働省及び文部科学省は，平成 24 年度新規学校卒業予定者の就職内定状況を発表しました。新規大学卒業予定者の就職内定率は，平成 25 年 4 月 1 日現在は 93.9％（前年同期差 0.3 ポイント増，平成 9 年 3 月卒の調査開始以来過去 6 番目）となっています。

　でも，大学生の就職は今たいへんだと思います。最近は就職難とか聞くからである。僕らはちょうど悪い時に就職しなきゃならないし，就職したっていい会社に入れるとか思わないし困った。女子のほうが就職率がいいとかも聞きます。
　だけど，大学には就職課があるから何とかなりそうな気もする。だから、大学がやっている就職支援は大切だと思います。

先生へ：よろしくお願いします！！（^ω^）/

学びの  After

 そこで，本書を活用して，
レポート・論文の書き方を練習すると・・・

- 本や論文，ネットからの情報を引用して書ける
- 自分なりの論点をつくって，意見や主張が書ける
- 感想文とレポート・論文の違いを知ったうえで書ける
- レポート・論文らしい表現を使って書ける
- レポート・論文らしい整った構成で書ける
- 4,000字5,000字の論文も書ける
- 課題の内容にあわせて書ける

 このような書き方をしたら，よい評価がもらえるだけではなく，レポート・論文を書くことで培える能力を磨くこともできます。

大学生への就職支援の問題と対策

提出年月日　　○○年○月○日
学籍番号00000　○○学科　越後　清香

はじめに

　厚生労働省と文部科学省は，今年の春卒業した大学生の就職内定率が93.9％となり，前年より0.3ポイント増加したと発表した（平成25年5月17日厚生労働省発表資料より）。しかし，大学の先輩の就職状況を見ると，昨年よりよくなったという実感がない。大学生への就職支援には何らかの問題があるのではないかと考えた。そこで，このレポートでは，大学生への就職支援にはどのような問題があり，その問題に対してどのような対策が講じられるべきかを考察する。

1．就職内定率の男女差から考える就職支援

　就職内定率の男女差から就職支援を考えてみたい。平成25年5月の男子学生の就職内定率（91.5％）は，女子学生の就職内定率（95.6％）より下回っている。この結果について，亀田（2013）は，「医療，福祉，介護などの女子が希望する職の

本書の構成

4編構成で段階的に学べる構成

本書は，レポート・論文が書けることをめざし，段階的にスキルアップできるように，「オリエンテーション編」「基本スキル編」「スキルアップ編」「卒業論文準備編」という4編構成になっています。

レポートと論文の書き方が学べる構成

本書の基本スキル編では5つの基本的能力を活用してレポート（ブックレポート）が書けることをめざします。文献を吟味して読み解き自分の意見を書くという基本的能力を培うことができます。スキルアップ編では，基本スキル編で学んだ能力を基礎に，論文を書くための能力を身につけるという構成になっています。

卒業論文準備編
多くの大学生が取り組む卒業論文に向けて，準備を始めましょう。レポートや単なる論文とは何が違うのか認識を深めます。

スキルアップ編
基本スキル編で学んだ能力をさらにブラッシュアップして，論文が書ける能力を身につけることをめざします。論文を書くために必要となる「課題発見力」「情報探索力」などを磨き，論理的文章を書くための「構成力」も高めます。

基本スキル編
レポート・論文を書くために最低限必要な5つの能力「発想力」「読解力」「要約力」「批判的思考力」「表現力」を身につけ，本を読んで意見を書くブックレポートが書けることをめざします。

オリエンテーション編
レポート・論文とは何か，作文や感想文とは何が違うのかを学びます。「引用」「参考文献リスト」などの基本的なルールを押さえます。

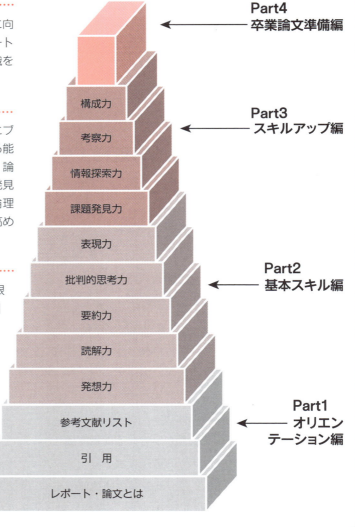

もくじ

Part1　オリエンテーション編

レポート・論文を書くための基本を知ろう

Work1	レポート・論文とは何か	10
Work2	レポート・論文のルール①	14
Work3	レポート・論文のルール②	18
資料①	さまざまな参考文献スタイル	22
Work4	レポート・論文の種類を知ろう	24
文章例①	報告型レポートを書いてみよう	28
文章例②	ブックレポートを書いてみよう	30
文章例③	論文を書いてみよう	32
資料②	レポート・論文の体裁の整え方	34
コラム	ブックレポートを書く意義	36

Part2　基本スキル編

レポート・論文を書くための5つの基礎能力をつけよう

Work5	発想力をつけよう	38
Work6	読解力をつけよう	42
Work7	要約力をつけよう	46
資料③	要約のしくみを新聞から学ぼう！	49
Work8	批判的思考力をつけよう	50
Work9	表現力をつけよう	54
確認しよう	レポート・論文のための表現力集中トレーニング	58
チャレンジしよう	レポート・論文のための表現力集中トレーニング	61
資料④	レポート・論文の表現	66
コラム	論文を書く意義	68

■ Part3　スキルアップ編 ■

論文を書いてみよう

Work10	課題発見力をつけよう①	70
Work11	課題発見力をつけよう②	74
Work12	課題発見力をつけよう③	78
Work13	情報探索力をつけよう①	82
Work14	情報探索力をつけよう②	86
Work15	情報整理力をつけよう①	90
Work16	情報整理力をつけよう②	94
Work17	課題考察力をつけよう	98
Work18	論文構成力をつけよう	102
Work19	文章構成力をつけよう①	106
Work20	文章構成力をつけよう②	110
コラム	よりよいレポート・論文を書くために	114

■ Part4　卒業論文準備編 ■

レポート・論文との違いを確認しておこう

| Work21 | 卒業論文に向けて | 116 |
| コラム | 卒業論文の取り組みを誰かに相談してみよう！ | 122 |

おわりに …………… 123
参考文献 …………… 124
索引 …………… 126
奥付 …………… 128

オリエンテーション…編
レポート・論文を書くための基本を知ろう

Work

1. レポート・論文を書く準備をしよう
2. 「引用」とは何かを知ろう
3. 「参考文献リスト」とは何かを知ろう
4. 「報告型レポート」「ブックレポート」「論文」を知ろう
5.
6.
7.
8.
9.
10.
11.
12.
13.
14.
15.
16.
17.
18.
19.
20.
21.

　大学の授業では，多くのレポート・論文が課されます。レポート・論文を書くことは大学の講義を聞くだけでは足りない知識を補ってくれる役目をするからです。また，知識を補う役目だけではなく，問題解決能力をつけることや，課題を解決するなかで思考力をきたえることもできます。

　大学生に求められるレポート・論文は，形式やルールが決まっている文章です。ところがレポート・論文は，感想文とも作文ともまったく形式が異なる文章であることを知らない学生も多いようです。中学生・高校生のころにまとめたレポートや受験のために教えてもらった小論文の書き方は，大学で要求されるレポート・論文の書き方とは違うものかもしれません。

　大学で要求されるレポート・論文とは何かについて知らずにいると，大学の授業の単位が取得できない場合もあります。また，ルールを守らないことに対して罰則が与えられる場合もあります。

　本編では，大学で求められるレポートや論文はどのようなものかといった概要を学びます。次いで，基本的な形式や，ルールである「引用」や「参考文献リスト」とは何かについても学んでいきます。

Work 1 レポート・論文とは何か
～レポート・論文を書く準備をしよう～

身につけるスキル
- ▶レポート・論文とは何かがわかる
- ▶レポート・論文を書く準備ができる

Activity
1. 文章にはさまざまな種類があることを知ろう
2. レポート・論文を書くための基本ルールを押さえておこう
3. レポート・論文の構成要素を知ろう：5つの構成要素
4. レポート・論文の文章形式を知ろう：パラグラフ

　文章は誰が，どこで，何のために書くかによって，構造や文体，表現が異なります。レポート・論文の文章は感想文とも，SNSの文章とも異なります。レポート・論文には守らなくてはいけないルールがあります。まずは基本的なルールを知って，実際にレポート・論文を書く準備をしましょう。

1 文章にはさまざまな種類があることを知ろう

　大学生は，たくさんのレポート・論文を書かなくてはなりません。授業の最終試験として，レポート・論文が課されることも多いはずです。まずは，レポート・論文とはどのような文章かを知る必要があります。作文や読書感想文とは，まったく違う性質の文章であることを確認しましょう。

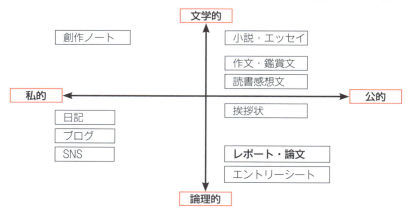

　いわゆる作文は，生活上の出来事や感想を書き言葉で書く文章です。常体（だ・である）で書いても敬体（です・ます）で書いてもかまいませんでした。SNSの文章は，もっと私的な情報や心情を綴る文章なので，話し言葉を用いても許されます。しかし，レポート・論文は，論点にもとづいた主張を，根拠を示しながら，常体（だ・である）で書くのが原則です。

② レポート・論文を書くための基本ルールを押さえておこう

◀１▶ 自分の言葉で書く：丸写しは絶対にやってはいけない！

レポート・論文は，自分の意見や主張を自分の言葉で書かなくてはいけません。自分が理解できた言葉や内容だけで書きます。いくら難しい課題であっても，内容を理解せずに書いてはいけません。

あちこちの文献やインターネット情報を集めて，コピー＆ペーストすることは絶対に許されません。課題の答えを見つけて写すことがレポート・論文を書くということではないのです。

◀２▶ 自分の言葉と他人の言葉を分けて書く：「引用」のルールに従う！

自分の考えをまとめるときは，他人の意見や主張も参考にします。もしも他人の意見や主張を自分のレポートに使いたい場合は引用というルールにのっとって書きます。他人の言葉と自分の言葉をはっきりと分けて書かなくてはなりません。

◀３▶ テーマに関する「論点」，主張，根拠を書く：感想や心情はいらない！

感想文・作文は書いた人の主観的な心情が中心になりますが，レポート・論文は客観的な報告や根拠にもとづいた主張（意見）を書いた文章です。テーマにもとづいた「**論点**」と主張，根拠の３つがないとレポート・論文になりません。それ以外の心情や個人的な事情は書いてはいけません。

> **アドバイス**
> 大学の課題において，情報のコピー＆ペーストや，書籍や論文の丸写しの文章があった場合は，カンニングとみなされ，処罰されることがあります。絶対にやめましょう。
> 最近では，機械的にコピー＆ペーストの部分を発見するシステムができており，導入する大学も少なくありません。

> **アドバイス**
> 引用のルールは，p.15〜17を参照しましょう。

> **キーワード**
> **論点**：論じるべき問題点のことです。

①作文	②レポート・論文
●あるテーマの事実について主観的な心情・感想を書く。 ●文体は，敬体（です・ます），常体（だ・である）どちらでもよい。 ●特に決まった形式はない。	●論点について考察した結果の主張を客観的な根拠を示しながら書く。 ●文体は，常体（だ・である）で書く。 ●書くための形式が決まっている。
例：就職活動の一環としてインターンシップに行ったときの感想を書く。	例：「就職活動の一環としてのインターンシップには効果があるか？」という論点を定め，文献やデータなどの根拠を集めて考察した結果，「効果がある」と主張する文章を書く。
テーマ（事実）→ 感想	テーマ（論点）→ 考察 ← 根拠 → 主張

Work 1

③ レポート・論文の構成要素を知ろう：5つの構成要素

論点についての自分の主張を客観的な根拠を示しながら書くレポート・論文は，次の5つの構成要素を書かなくてはなりません。

❶表紙　❷序論　❸本論　❹結論　❺参考文献リスト

◀1▶ 表紙に書くべきこと

表紙には，レポート・論文のタイトル，所属，氏名を必ず書きます。タイトルは，レポート・論文で何を主張したいのかという論点をはっきりとわかるようにします。

× 「大学生の就職について」
○ 「大学生に対する就職支援の問題点」

> **アドバイス**
> 5つの構成要素で書くための例は，p. 25～33を参照しましょう。

◀2▶ 「序論」「本論」「結論」とは何か

レポート・論文の本文は，序論・本論・結論で構成します。

「序論」……問題の提起，問い，論点

自分がこれから何について書こうとしているのか，また，どうしてそれについて書こうと思ったのか，知ってもらうための部分です。

「本論」……結論に至った考察や根拠などの要素を示す部分

本論はいくつかの章で構成されます。各章の内部の構成も，序論，本論，結論を意識して書きます。

「結論」……問題の解決，答え

これまで述べたことを整理して，最終的にもう一度主張をまとめます。

> **キーワード**
> **文献**：本，雑誌記事，論文，ネット情報などすべてまとめて文献といいます。

> 本文の書き方は，ハンバーガーをイメージしよう！
> 序論と結論は，対になったバンズの役割。多彩な具である本論をはさみます。

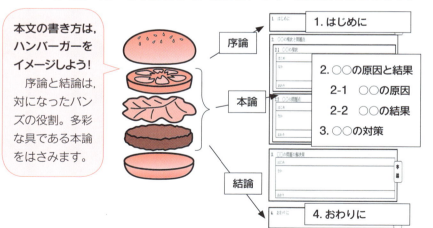

> **キーワード**
> **書誌情報**：次のようなものをさします。
> ①著者名
> ②書名（論文名）
> ③出版者（掲載雑誌名・巻・号）
> ④発行年
> ⑤自分が引用した部分のページ数

◀3▶ 参考文献リストとは何か

参考文献リストには，引用した文章や参考にした「**文献**」の「**書誌情報**」を明記します。このレポート・論文が感想だけで書いたものではないことや，何かの丸写しではないことの証明です。レポート・論文には必ず書かなくていけません。詳しくはp. 18～23を参照してください。

❹ レポート・論文の文章形式を知ろう：パラグラフ

◀1▶ レポート・論文は3ステップで書いていくイメージ

レポート・論文は，「序論・本論・結論」という3つで構成され，本論には最低3つくらいの章をつくります。章のなかにも「はじめ・なか・おわり」という展開があり，そのなかは「主題文・支持文・結び文」という3つで構成される「**パラグラフ**」がたくさん集まっているイメージになります。

◀2▶ パラグラフとは何か

パラグラフは，1つの話題や主張がまとまった文章のかたまりをさします。パラグラフを意識して書くように心がけるのが，レポート・論文の執筆スタイルです。

パラグラフは，最初に結論を書きます。最初に書く話題・主張の中心，結論のことを「**主題文**」（トピック・センテンス）といいます。そして，まんなかに結論を支える支持文をおき，最後に再度結論を提示する結び文をおきます。序論・本論・結論と同じハンバーガー構造になっていることを確認してください。この書き方をパラグラフ・ライティングといいます。

🔑 **キーワード**
パラグラフ：国語の「段落」とは少しニュアンスが違います。パラグラフの考え方は論理的な書き方の基本です。

🔑 **キーワード**
主題文：トピック・センテンスあるいは中心文ともいいます。

● パラグラフもハンバーガー構造

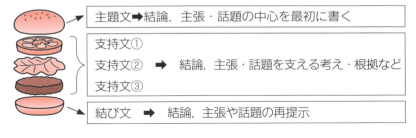

● レポート・論文の構造

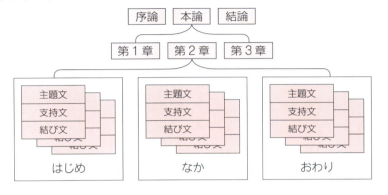

⚠ **ポイント**
最も簡単なパラグラフの例には，次のようなものがあります。

> 私は○○だと考えます。これには3つの理由があります。1つ目は▽▽です。2つ目は□□です。3つ目は△△です。したがって，○○だといえます。

オリエンテーション編　13

Work 2 レポート・論文のルール①
～「引用」とは何かを知ろう～

身につけるスキル
▶文献のコピー＆ペーストや他人の意見の盗用がいけない理由を理解する
▶引用とは何かを知る

Activity
❶ 何が盗用にあたるのか知ろう
❷ 著作権を侵害しないために，引用のルールを学ぼう
❸ 引用の種類を知ろう
❹ 引用文の書き方を知ろう

　レポート・論文は調べたことを丸写しすることはできません。マナーやルールを守らないと盗用とみなされます。まず，他人の意見の盗用がなぜいけないのか理解するために話しあいましょう。そして，著作物の一部を自分の著作物に取り入れる場合の引用のルールを知りましょう。

Work sheet　レポート・論文を書く際に，丸写しやコピー＆ペーストをしてはいけないといわれます。「なぜいけないのか」について話しあいましょう。

アドバイス
　「盗用」に似た意味の言葉に次のようなものがあります。
剽窃（ひょうせつ）：他人の文章・作品・学説などを盗用し，自分のものとして発表することです。
孫引き：直接原典から引用するのでなく，他人が引用した文章をそのまま引用することです。

キーワード
著作権：著作権とは，著作物を創作した著作者が有する権利のことで，新聞記事，書籍，雑誌，音楽のメロディー，歌詞，映画だけでなく，論文，読書感想文などにも著作権は存在します。

❶ 何が盗用にあたるのか知ろう

　レポート・論文には作文・感想文とは違ったルールがあります。何かを丸写したり，コピー＆ペーストでレポートを作成してはいけません。この点は，特に注意が必要です。ただし，レポートは「無」からは書けません。他人の意見，主張，情報を参照したり，それにもとづいて自分の意見を書いたりすることが重要です。その際に，無断で人の意見を盗用してはいけないということです。悪気なく行ったことであっても，これは「**著作権**」の侵害にあたり，犯罪です。

やってはいけない盗用
- インターネット上の情報のコピー＆ペースト
- 他人のレポート・論文の丸写し
- 先行研究の結果を自分の研究成果とする
- 引用であることを述べずに人の意見を掲載する
- 他人の論文のなかに引用されていた別の他人の文章を，元の論文を確認しないでそのまま孫引きをする
- 出典を書かない

❷ 著作権を侵害しないために，引用のルールを学ぼう

◀1▶引用とは

引用とは，自分の意見や主張の補強をするために，ルールにのっとって他人の意見や主張を借りることです。ルールは，自分の意見と他人の意見をはっきりと分けることです。

> **引用文の例**
>
> 亀田（1999）によると，「若者の就職は困難になっている」（p. 10）という。確かに近年のデータ（越後，2013）を見ても，その意見を裏付ける証拠がある。このことから，若者の就職は困難になっているという意見に同意する。

この例では，「若者の就職は困難になっている」といっているのは，亀田氏です。レポートを書いている筆者は，越後氏が2013年に示したデータを参考に亀田氏の意見に賛成を表明しています。このように，どれが誰の意見なのかをはっきりと分ける必要があります。

アドバイス
書くためのトレーニングはp. 61〜65を参照してください。

①引用が必要なとき

- 自分のレポート・論文中に他人の文章を提示・紹介するとき。
- 自分のレポート・論文中に他人の文章をそのまま提示・紹介しなくても，自分の言葉で要約して言及したとき。
- 自分のレポート・論文中に他人の文章をそのまま提示・紹介しなくても，その著作や論点を参考にしたとき。

アドバイス
複雑な引用をあらわしたイメージ図がp. 120にあります。参照しましょう。

②引用の効果

①自分の意見に対する「味方の存在」を示すことで，自分の主張を支えたり，より価値のあることとして示すことができる。	②自分の意見とは違う「批判の対象」を示すことで，自分の反論を支えたり，より価値のあることとして示すことができる。

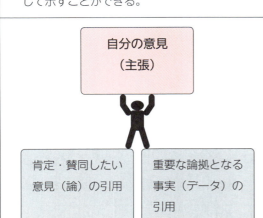

オリエンテーション編　15

Work 2

③ 引用の種類を知ろう

引用には，**直接引用**と**間接引用**の2種類があります。それぞれで引用の表現形式が異なります。

> 越後さんが2012年に書いた著作のなかで「高校生の就職は△▽だ。それは○○が原因だ」と述べた意見を自分のレポート・論文でも述べたいとき，
> ➡ 2つの引用方法がある。

◀1▶直接引用

紹介したい部分すべてをそのまま抜き書きし「　」をつけます。一言一句間違わずに記録したメモを見ながら書きます。著者の主張を著者の言葉のまま紹介したいときに使います。

越後（2012）は「高校生の就職は△▽だ。それは○○が原因だ」と述べている。

◀2▶間接引用

紹介したい部分を要約して使います。要約して記録したメモを見ながら書きます。

越後（2012）は高校生の就職の▽△の原因は○○だと述べている。

⚠ ポイント

引用文の書き方や参照した文献の提示のしかたは，1種類ではありません。大きく分けるとハーバード方式とバンクーバー方式との2種類があります。

ハーバード方式は，引用部分の後に（著者名, 出版年, 頁）を記載し，引用した文献を著者順に並べます。バンクーバー方式は，引用部分が登場した順番で番号を記載し，引用した文献を番号順にリスト化します。

専門分野によって書き方が異なりますので，教員に指示された書き方があるかどうか必ず確認してください。

④ 引用文の書き方を知ろう

引用文の書き方は最初少し難しいですが，マスターしたらレポート・論文の執筆が飛躍的に楽になります。頑張りましょう。

◀1▶直接引用の書き方

引用する文の長さによって書き方が異なります。

①短い直接引用

● 著者（出版年）「引用文」（引用元のページ）の順に示す。

> 三幸（2012）は，「○○は…である」（p. 100）と定義している。

● 「引用文」（文献の著者・出版年・引用元のページ）の順に示す。

> 「○○は…である」（三幸, 2012, p. 100）と定義されている。

②**長い直接引用**

　引用が長い場合は下図の例文のように，引用部分をスペースで囲ったブロックで示します。このとき，前後は1行あけ，引用したい部分すべての行頭を2マス下げて，引用の範囲を明確に示します。

　意味のない長い引用をしてはいけません。どうしても原文のまま紹介しなくてはならない場合だけにしましょう。

　下図の□は一文字分のスペースをあらわしています。

> 柴田（2000）は，次のように述べる。
>
> 　　今の日本は貧困状態に陥った人たちに自己責任論ばかり押し
> 　　つけている。彼らの多くが抱えている困難は，既に自分で解決
> 　　できる範囲をとうに越えている。そんな状態の人たちに自己責
> 　　任論をふりかざしてみても，問題は何一つ解決しない。……
>
> つまり，これは………

> **ポイント**
> 　間接引用に必要なことは要約力です。
> 　まとめて表現するのが間接引用です。
> 　文のなかからキーワードや重要な文を読み取って要約する力が必要です。

◀2▶ 間接引用の書き方

● 参照した文献の存在を（著者，出版年）のみで示す

　　○○には7つの原則がみられる（三幸，2012）。

● 著者（出版年）を明記する

　　三幸（2012）によると，○○には7つの原則があるという。

◀3▶ 図表を引用する方法

　文献から引用した図表には番号を振り，図表タイトルを書き，その下に，出典（著者名，出版年，書名，出版者，引用した図があるページ数など）を明記します。以下は，一例です。

図1　業種別就職状況

出典：三幸昌太郎（2012）『大学生の就職』ブルボン社　p.21 より

> **アドバイス**
> 　図表の引用は最小限にとどめましょう。
> 　また，引用元がインターネットに掲載された図表だった場合は，出典にURLも記載しましょう。

Training　引用文の書き方はp.63でトレーニングしましょう。

Work 3

レポート・論文のルール② 〜「参考文献リスト」とは何かを知ろう〜

身につけるスキル
▶参考文献リストとは何かを知る
▶参考文献リストの書き方を知る

Activity
❶ 参考文献リストとは何かを知ろう
❷ 参考文献リストの書き方を知ろう
❸ 参考文献リストを書くための確認事項を知ろう

引用のために使った資料や，参考のために使った資料は，すべて参考文献リストとしてレポート・論文に提示しなくはなりません。参考文献リストをつくる際のルールを知りましょう。

1 参考文献リストとは何か知ろう

レポート本文中に引用した単行本や論文や新聞記事だけではなく，レポート作成にあたって参考にした資料すべてを参考文献といいます。参考文献の情報は，他者がそのレポートでいっていることが正しいか確認するために，また，レポートの評価のためにも必要です。

正しく引用し，参考文献リストを作成するために，資料収集の際に得た書誌情報をしっかり記録しておきましょう。

レポート本文を書き終えたら，参考にした文献を著者の五十音順になるように並べたものをリストとしてつけます。

参考文献リストの例

越後団子（2010）『日本の産業構造』ブルボン書房
越後団子（2013）「日本の大学生の就職率低下における規定要因」『労働社会学研究紀要』第29巻4号，pp. 31-59
亀田あられ（2012）『大学生の就職支援』浪花屋出版
亀田一郎（2011）『若者の「就活」を考える』ブルボン出版
岩塚さくら（2012）「就職支援活動に関する研究」『米菓大学教育社会学研究紀要』第16巻2号，pp. 1-17
キャリア教育会議（2007）「大卒者の離職理由と職場定着状況調査」＜http://www.jil.go.jp/institute/research/2007/036.htm＞（参照 2013-03-03）
栗原玲子（2013）『初年時論文作成スキルワーク』出遊書社
栗山ゆき（2010）「日本的職業観の変遷」『職業教育研究』第3巻5号，pp. 35-58
栗山ゆき（2012）『新　生活保障』（シリーズ現代社会）響書房
栗山ゆき「高校発キャリア教育支援最前線」『江南新聞』2013年1月25日（朝刊）8面
栗山ゆき「職業教育」『JSSデータベース』JSオンライン＜http://www.j2.com/dsearch/dmain#topa＞（参照日 2013-01-25）
厚生労働省（2012）『労働経済白書平成24年度版』厚生労働省
厚生労働省「若者雇用関連データ」＜http://www.mhlw.go.jp/topics/2010/01/tp0127-2/13.html＞（参照 2013-03-04）
三幸餅行（2012）『就職活動の問題点』佐藤書店
労働政策研究研修機構（2005）「若者就業支援の現状と課題」『労働政策研究報告書』vol.3, no.35, pp. 20-30

情報リテラシー

文書作成ソフトには，引用文献を挿入したり，参考文献を管理したりできる機能があります。「参考資料」タブを開いてみてください。一歩進んだ文書作成ソフトの使い方も確認してみてください。

❷ 参考文献リストの書き方を知ろう

参考文献の書き方は，書籍，雑誌記事・論文，新聞記事，Web サイトなど，メディアによって異なります。また，専門分野によって指定された書き方がまったく異なります。ここに示した方法はあくまで例ですので，必ず教員に参考文献リストの書き方を確認しましょう。

アドバイス
「出版者」とは，参考文献記述の際の正式名称です。個人で出版する場合があるため，出版「社」ではなく出版「者」の場合もあるからです。

● **書籍**

　著者名（出版年）『書名』（シリーズ名）出版者

例　栗山ゆき（2012）『新　生活保障』（シリーズ現代社会）響書房

● **雑誌記事・論文**

　著者名（出版年）「記事・論文名」『雑誌名』巻号，掲載頁

例　栗山ゆき（2010）「日本的職業観の変遷」『職業教育研究』第 3 巻 5 号，pp. 35-58

● **新聞記事**

　著者名「記事名」『新聞名』掲載年月日（朝刊夕刊），面

例　栗山ゆき「高校発キャリア支援最前線」『江南新聞』2014-07-10（朝刊）8 面

● **Web サイト**

　著者名（更新年）「ページタイトル」『Web サイト名』〈URL〉（参照日）

例　栗山ゆき「仕事人」<http://article.ndl.go.jp/node/22666>（参照日 2014-08-22）

● **オンラインデータベース**

　著者名「記事名」『データベース名』サイト名〈URL〉（参照日）

例　栗山ゆき「職業教育」『ＪＳＳデータベース』ＪＳオンライン〈http://www.j2.com/dsearch/dmain#topa〉（参照 2014-08-22）

書くべき項目と項目を並べる順番を確認してください。

❸ 参考文献リストを書くための確認事項を知ろう

参考文献リストの書き方には，専門分野によってさまざまな細かい決め事があります。通常，大学生は大学や教員が指定する方式にのっとって書きます。ここでは，どの書き方にも共通する要素を紹介しながら，書籍，論文・雑誌記事，Web サイトについての書き方例を紹介します。

Work 3

キーワード
奥付：本のいちばん最後のページにあり，その本の書名，著者名だけではなく，出版社や出版年，それから何回増刷されたのかなどの版情報などが書かれています。

ポイント
参考文献の書き方には，他にもいろいろな方法があります。

指導教員や，投稿先からの指定に従って書くようにしましょう。

アドバイス
出版者の「株式会社」「○○法人」は省略します。

アドバイス
「○○文庫」（新潮文庫など）の場合，出版社は「新潮社」になるので注意。「○○文庫」と書いてしまう人がたくさんいます！

◀ 1 ▶ **書籍（単行本）の場合** → 奥付を確認して書く

書籍（単行本）の場合は，「**奥付**」で書誌事項を確認します。

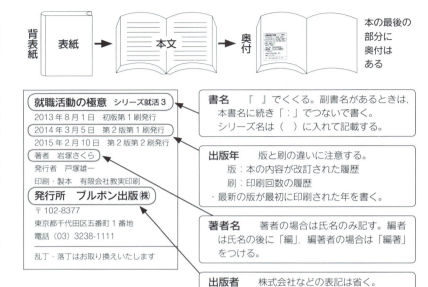

著者名（出版年）『書名』（シリーズ名）出版者

岩塚さくら（2014）『就職活動の極意』（シリーズ就活 3）ブルボン出版

Training

次の図書の奥付を見て，参考文献リストをつくりましょう。

W0301

①
平成 24 年度
全国大学就職状況報告書
平成 25 年 6 月 30 日発行
　　発行　丸屋大学
　　印刷　乙印刷所

②
若者の就職事情
1999 年 2 月 25 日　初版
2014 年 4 月 10 日　第 2 刷

著者　　亀田あられ
発行人　戸塚雄一
発行所　ブルボン出版

③
佐藤新書
キャリアアップ
初版二〇〇四年三月三〇日
第二版二〇一四年五月二日
著者　　三幸千平
発行者　佐藤　針糸
発行所　佐藤書房

◀2▶ 論文・雑誌記事の場合 → 全体から下記の項目を見つける

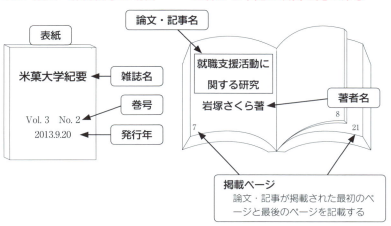

> アドバイス……………
> 雑誌にはさまざまな種類があります。論文は，専門分野ごとに発行される「学会誌」と呼ばれる雑誌，大学が発行する「紀要」と呼ばれる雑誌に掲載されます。1冊の中に複数の論文が掲載されています。

著者名（出版年）「論文・記事名」『雑誌名』巻号，掲載ページ

岩塚さくら（2012）「就職支援活動に関する研究」『米菓大学紀要』3（2），pp. 7 - 21

◀3▶ Web サイトの場合 → サイトの各所から下記の項目を見つける

Webサイトの著作者（作成者）が不明のものを参考にする場合は，内容の真偽に気をつけましょう。

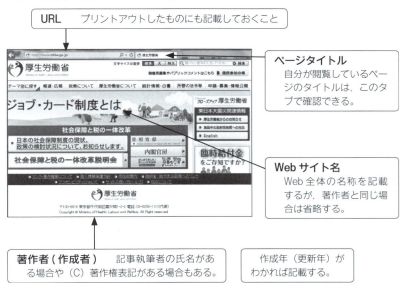

> 情報リテラシー………
> Webサイトを参照した日を必ずメモしておきましょう。参照後に変更・削除される場合があるので参照した日が大切な情報となります。

著者名（更新年）「ページタイトル」『Webサイト名』〈URL〉（参照日）

厚生労働省「ジョブ・カード制度とは」
<http://www.mhlw.go.jp/bunya/nouryoku/job_card01/jc10.html>（参照 2014-07-22）

 さまざまなメディアの書誌情報をメモする練習をしましょう。

資料① さまざまな参考文献スタイル

◀1▶ 学問分野によって参考文献スタイルが異なることを知ろう

　参考文献の記載のしかたは，学問分野によって異なります。

　日本では，科学技術振興機構（JST）が「SIST（科学技術情報流通技術基準）02：2007」という参照文献の記載方法を提示しています。これは，自然科学分野だけではなくすべての学問分野の基礎的な記載方法として参考になります。しかし，社会科学分野，人文科学分野などの文科系の学問分野では異なるスタイルを採用することが多いようです。たとえば，APAスタイル（アメリカ心理学会のスタイル）やMLAスタイル（アメリカ現代言語協会のスタイル）を用いたり，それらのスタイルの変化形を学会で独自に指定したりすることがあります。

　大学生がレポート・論文（特に卒業論文）を書く際は，指導の教員からの指示に従って記載しなくてはなりません。本書で示した参考文献の記載のしかたは，学際的な分野で多く利用されているAPAスタイルを簡略化して掲載していますので，あくまで一例として利用してください。

　以下，代表的な記載スタイルについて，簡単な紹介をします。

アドバイス
SIST02(2007)「参照文献の書き方」の詳細については，下記を参照してください。
http://sti.jst.go.jp/sist/pdf/SIST02-2007.pdf

アドバイス
どのスタイルで参考文献を書く場合でも，利用した文献の書誌事項は必ずメモしておくことが重要です。

◀2▶ さまざまな参考文献スタイルの書き方を見てみよう

　図書を記載する場合で比較してみましょう。スタイルによって記載の順番や区切りの記号が違っていても，基本的に記載しなくてはいけない書誌事項はほぼ同じであるという点に着目しましょう。

　必要な書誌事項： 著者名，書名，出版者，出版年 ，（ページ数）

　例　次の奥付を見て参考文献を記載する場合をあげてみます。

```
就職活動の極意　シリーズ就活3
2013年8月1日　初版第1刷発行
2014年3月5日　第2版第1刷発行
2015年2月10日　第2版第2刷発行
著者　岩塚さくら
発行者　戸塚雄一
印刷・製本　有限会社教実印刷
発行所　ブルボン出版㈱
〒102-8377
東京都千代田区五番町1番地
電話（03）3238-1111
乱丁・落丁はお取り換えいたします
```

注意　APA，MLAについては欧文での記載が想定されたものです。ここで例示する日本語での書き方は完全なスタイルにのっとっていないので，あくまで参考として見てください。

情報リテラシー
必要となる書誌事項を入力すると，APA，MLA，SIST02などの参考文献スタイルにあわせた文献目録を自動生成するソフトやシステムがあります。Microsoft Wordにもその機能がついています。教員や大学図書館員に聞いてみましょう。

①本書の記載法

| 著者名(出版年)『書名』(シリーズ名)出版者 |

| 岩塚さくら（2014）『就職活動の極意』（シリーズ就活 3）ブルボン出版 |

② APA スタイル

| 著者名(出版年). 書名. 出版者, シリーズ名 |

＊日本語文献のときは，書名. を『書名』とする場合が多い。総ページ数を入れる場合もある。

| 岩塚さくら（2014）.『就職活動の極意』ブルボン出版, (シリーズ就活, 3). |

③ MLA スタイル

| 著者名. 書名. 出版者, 出版年, シリーズ名 |

＊日本語文献のときは『書名』とする場合が多い。総ページ数を入れる場合もある。

| 岩塚さくら.『就職活動の極意』. ブルボン出版, 2014, (シリーズ就活, 3). |

④ SIST02 スタイル

| 著者名. 書名. 版表示, 出版者, 出版年, 総ページ数, (シリーズ名, シリーズ番号) |

| 岩塚さくら. 就職活動の極意. 第 2 版, ブルボン出版, 2014, 200p., (シリーズ就活, 3). |

⑤中等教育で指導されるスタイルの例

　中学・高校時代のレポートの場合，上記とは異なる書き方を指示されることがあります。以下，高校生が参照する『国語便覧』に掲載されている参考文献の書き方を中心に紹介します。横書きの書き方だけではなく，縦書きの書き方が指示される場合があることがわかります。

● 『国語便覧』A　によると

| 『書名』著者名，発行所，発行年 |

| 『就職活動の極意』岩塚さくら，ブルボン出版，2014 |

● その他の事例

| 著者名『書名』（出版者，出版年） |

| 岩塚さくら『就職活動の極意』（ブルボン出版，2014） |

● 『国語便覧』B　によると

| 著者名・題名・出版年月日・発行所 |

| 岩塚さくら・就職活動の極意・二〇一四年三月五日・ブルボン出版 |

Work 4 レポート・論文の種類を知ろう
～「報告型レポート」「ブックレポート」「論文」を知ろう～

身につけるスキル
▶レポート・論文の種類がわかる
▶レポート・論文の基本形がわかる

Activity
❶ レポート・論文の種類を知ろう
❷ 報告型レポート，ブックレポート，論文の基本形を知ろう

大学でよく出されるレポートと論文の種類について，把握しておきましょう。

1 レポート・論文の種類を知ろう

大学では，さまざまな種類のレポート・論文の課題が出されます。その種類によって，書かなくてはならない要素は変わってきます。出された課題がどの種類か確認してから書くことが必要です。

①「報告型レポート」：「説明しなさい」「まとめなさい」という指示がある課題は，調べた内容を自分の言葉で説明したりまとめたりします。
②「ブックレポート」：課題図書をまとめたうえで自分の意見や内容への批評を書く課題です。読書感想文のように「感想」を書くのではなく，「内容のまとめ・要約」と「内容への批評・考察」を書きます。
③「論文」：「論じなさい」と指示される課題は，論文とよばれます。調べたことを自分の言葉でまとめるだけではなく，自分なりの論点，論点に対する主張・意見，その根拠を盛り込まなくてはなりません。

レポート・論文の種類と特徴　　◎不可欠　○あったほうがよい　△なくてもよい

種類	テーマ	論点	主張	根拠	本論の内容
報告型レポート	指定課題	○	△	客観的データ・根拠	結果報告
ブックレポート	課題図書	○	△	本文・客観的根拠	要約・批評
論文	指定課題・自ら設定した課題	◎	◎	客観的データ・根拠	論証・考察結果

Work sheet 次のような課題が出された場合，報告型レポート，ブックレポート，論文のうち，どの種類を書けばよいか考えてみましょう。

Download
W0401

1	課題図書の第〇章の要旨をまとめなさい。	
2	課題図書を読み，関心がある章の要旨をまとめ，考察を加えなさい。	
3	キャリア教育の歴史について説明しなさい。	
4	大学生の就職支援について，各自の興味関心のある事柄を論じなさい。	
5	授業で扱ったテーマを1つ取り上げ，あなたの問題意識を論じなさい。	

❷ 報告型レポート，ブックレポート，論文の基本形を知ろう

3種類のレポート・論文それぞれは書くべき内容が異なります。典型的な書き方を紹介します。

◀１▶ 報告型レポートに書くべき内容

報告型レポートでは，何かを見学したり誰かの話を聞いたりして書く場合や，ある事実について調べてまとめる場合もあります。事実をまとめる場合であっても，調べたことを丸写しにしてはいけません。調べた結果を自分なりに理解し，自分の言葉でまとめる必要があります。

また，事実をまとめて報告するだけではなく，自分なりの考えを書くように指示される場合がほとんどです。

下記は，課題を調べ自分の考察結果を書く場合の形式例です。

1 タイトル
　　　　　　　　　提出年月日　　学籍番号　　氏　名

2 序論（はじめに）（約 10 ～ 20％）
　・課題は何か，課題についてどのように調べたのかを書く
　・課題について調べた結果をどのような順序で報告していくのか，このレポートの構成について書く

3 本論（報告内容）（約 60 ～ 80％）
　・課題を報告するためにふさわしい見出しをつける
　・報告内容が複数にわたる場合は見出しをいくつかに分ける
　・課題を報告する順番をよく考える
　　　例：歴史の報告の場合　⇒　年代順に並べる
　　　　　物事の因果関係の場合　⇒　原因・結果の順に並べる　など
　・報告内容は何をもとに調べたのか，情報の出典をはっきりさせる

4 結論（考察）（約 10 ～ 20％）
　・何をどう調べ，何がわかったのか本論を再度まとめる
　・課題を調べるなかで考えたことなどをまとめる

5 参考文献
　・課題を調べる際に利用した情報源，文献を明記する

　　著者名（出版年）『書名』出版者　（書籍の場合）
　　著者名（出版年）「論文名」『雑誌論文名』巻号,掲載ページ（論文の場合）
　　著者名（更新年）「ページタイトル」『Web サイト名』＜ URL＞（参照日）
　　（Web サイトの場合）

> **ア**ドバイス
> 形式例の左側に記された **1 2 3 4 5** は，レポート・論文に必要な5つの構成要素（p. 12）に対応しています。確認しましょう。

> **ア**ドバイス
> 報告型レポートの見本は p. 28 ～ 29 を参照しましょう。

> **ア**ドバイス
> 参考文献の書き方は，p. 18 ～ 23 を参照しましょう。

Work 4

アドバイス
ブックレポートの見本は p. 30〜31 を参照しましょう。

アドバイス
ブックレポートのタイトルは，指定された本や論文の書名がわかるように書きます。自分の考察の中心がわかるものが，よいタイトルといえます。
例：『書名』（著者）の〇〇に関するレポート

ポイント
要約することは，さまざまな文章を読み解く読解力の訓練になります。(p. 46〜49 を参考にしてください)

ポイント
著者の主張を客観的な視点からじっくり吟味することを批判的考察といいます。ブックレポートで最も大切な部分です。論文を書くときにも同じ思考回路を使いますので，訓練しておきましょう。

◀2▶ ブックレポートに書くべき内容

ブックレポート形式の一例（要約と考察が必要な例）を紹介します。もし課題の内容が，要約だけが求められている，あるいは考察だけが必要といった場合は，指定された形式に従って書きましょう。

1	タイトル 提出年月日　学籍番号　氏　名
2	序論（はじめに）（約 10〜20%） ・この本を選択した理由や選択した決め手などを記載する ・以下に述べる事柄について簡単に宣言する
3	本論1（要約・簡潔に紹介する）（約 30〜40%） ・順を追って内容を要約する ・長い場合は，章ごとに区切って紹介することもある ・だらだら紹介せず，大切な部分を選択して紹介する ・重要語句や歴史的な事実などについては注（説明や解説）を入れる 本論2（考察・批判的考察をした結果を書く）（約 30〜40%） ・著者の主張のうち重要かつ中心となるものを 1〜2 点取り上げる ・取り上げた主張の何を問題とするのか，「問題提起」を行う ・問題提起した事柄について自分の考えなどを展開する ・自分の主張については事実にもとづく理由を付与する
4	結論（おわりに）（約 10〜20%） ・結局，著者は何がいいたかったのか，そして，自分は何がわかったのか，また何を考察したのかを記載する
5	課題文献 　著者名（出版年）『書名』出版者　（書籍の場合） 参考文献 　著者名（出版年）「論文名」『論文雑誌名』巻号, 掲載ページ（論文の場合）

◀3▶ 論文に書くべき内容

論文では，自分の主張をいくつかの章で分けた本論で主張します。また，主張はテーマや問題意識から考えた，自分の問いに回答する形で提示します。そのため，序論でテーマと問題意識，問いを提示してから書き始め，本論で主張を展開していきます。

> **アドバイス**
> 論文の見本はp. 32～33を参照しましょう。

```
┌─────────────────────────────────────────────┐
│ 1  タイトル                                   │
│         提出年月日   学籍番号   氏　名          │
├─────────────────────────────────────────────┤
│ 2  序論（はじめに）（約10～20%）                │
│    ・論文のテーマは何か，なぜそれを選択したのか  │
│      という問題意識を記載する                   │
│    ・問題意識の中心となる論点や「問い」を明確に  │
│      する                                     │
│    ・テーマや問題意識の説明や背景，「先行研究」  │
│      を紹介する                                │
│    ・問題解決への道筋（研究方法・考察方法）を    │
│      提示する                                  │
│    ・仮の主張（仮説）を提示してから，本論を      │
│      進めることもある                           │
├─────────────────────────────────────────────┤
│ 3  本論（3つくらいの見出しに区切り，考察を書く）│
│    （約60～80%）                               │
│    ・問題意識や問いに対する主張（考察結果や     │
│      仮説の証明）を説明するための，章を3つ      │
│      くらい設ける                               │
│    ・章は，自分の主張がわかりやすいように       │
│      論理的に配置する                           │
│                                               │
│      例： 主張 ○○の現状を改善する××対策には │
│               問題がある                        │
│           1章 ○○の現状と原因                  │
│           2章 改善のための××対策              │
│           3章 ××対策の問題点                  │
│                                               │
│    ・主張を裏付ける証拠やデータを示す           │
│    ・主張の正しさを説明するために引用を利用する │
│    ・主張に対して予想される反論と，その反論への │
│      反論も用意する                             │
│    ・主張を支える証拠や理由の関連性や必然性にも │
│      注意する                                   │
│    ・本論のまとめを用意しておく                 │
├─────────────────────────────────────────────┤
│ 4  結論（おわりに）（約10～20%）               │
│    ・考察結果の再確認や主張の再提示を行う       │
│    ・この論文では解明できなかった点，考察が     │
│      不十分だった点を述べる                     │
│    ・今後の課題や展望を述べる                   │
├─────────────────────────────────────────────┤
│ 5  参考文献                                    │
│    著者名（出版年）『書名』出版者（書籍の場合） │
│    著者名（出版年）「論文名」『論文雑誌名』巻号,│
│    掲載ページ（論文の場合）                     │
└─────────────────────────────────────────────┘
```

> **アドバイス**
> 論文のタイトルは，自分のテーマと問いがわかるように書きます。「○○について」では，何を問いとして設定しているのかわからないので，よくありません。
> 例：○○における××対策の問題

> **キーワード**
> **問い**：リサーチ・クエスチョンともいいます。論文の中心となる問題意識を疑問文の形で提示することで，論文の方向が明確になります。

> **キーワード**
> **先行研究**：テーマや問題意識，問いが同じだったり似ていたりする，すでに発表された研究をさします。論文を書くために，必ず確認しておくべきものです。

> **情報リテラシー**
> 参考文献は，紙媒体のものだけではありません。電子書籍，電子ジャーナルなども活用しましょう。

文章例①

報告型レポートを書いてみよう

課題
キャリア教育の歴史について調べなさい。なお，調べた結果，自分が考えたことも書きなさい。文字数は1,000字程度とする。

> タイトルは課題に沿ったものをつけます。

キャリア教育の歴史

提出年月日　　〇〇年〇月〇日
学籍番号00000　〇〇学科　越後　清香

1. はじめに

> 与えられた課題に対して自分が何を調べたかを書きます。

「キャリア教育の歴史」という題に対して，私は日本の学校教育におけるキャリア教育の歴史について調べることにした。まずは文部科学省や厚生労働省の政策文にあたり，それから笹川餅也や，丸屋本天の著書を調べた。

2. キャリア教育の誕生

> 資料を調べてわかったことをわかりやすくまとめます。

文部科学省の政策文書で「キャリア教育」という語が出てくるのは1999年の中央教育審議会の答申「初等中等教育と高等教育との接続の改善について」である。その後，2003年に「若者自立・挑戦プラン」が策定され，その後2006年に改訂版が出され2007年には「キャリア教育推進プラン」が出され，2011年に「中央教育審議会答申「今後の学校におけるキャリア教育・職業教育の在り方について」が出されて現在にいたっている。

3. キャリア教育の実際

> 調べたなかで特筆すべき内容，特に注目したい点についてまとめましょう。

『キャリア教育とは何か』（笹川，2011）によると2000年より以前から小中高でも進路指導をかねて職業観や勤労意識を高める教育が行われていたが，生き方にまで踏み込んだ「キャリア教育」が開始されたのは2000年前後だという。大学でも戦後直後から「就職支援」を行っていたが，キャリア支援センターを立ち上げて学生の就職活動に直接踏み込んだ教育を行うようになったのは，2000年前後である。現在は大学のカリキュラムに組み込まれ，キャリア教育はますます盛んになっている。

しかし『現状のキャリア教育における諸問題』（丸屋，2012）には「高校や大学のキャリア教育は行き詰まりを見せており，若者の就労支援に

は直接役立っていない」とある。新たな視点で独自の職業教育を行っている高校や大学もあるという。

4. 考察
　キャリア教育は，若者の高い失業率や離職率，増加する無業者，フリーターなど社会問題の解決策として文科省や厚生労働省の主導で進められてきたことがわかった。社会問題は時々刻々と変化しているのでキャリア教育も柔軟に変化していくだろう。キャリア教育は社会の鏡であることがよくわかった。

> 調べてわかったこと，考えたことをまとめましょう。

参考文献
図書
　笹川餅也 (2011)『キャリア教育とは何か』浪花屋出版
　丸屋本天 (2012)『現状のキャリア教育における諸問題』ブルボン書房

Web サイト
　文部科学省「キャリア教育」http://www.mext.go.jp/a_menu/shotou/career/ （参照 2014-07-21）

> 参考文献の詳しい書き方はp. 18〜23を参照して下さい。

文章例②

ブックレポートを書いてみよう

課題

課題図書『大学生の就職支援』（亀田あられ著，浪花屋出版，2012年）を読んで，そのなかの1つの章を取り上げ，内容をまとめたうえで，自分なりの考察を加えなさい。文字数は1,500字以上とする。

課題図書『大学生の就職支援』第2章
「キャリア教育」に関するレポート
〜「キャリア教育の問題点」を取り上げて〜

> タイトルには課題図書名，取り上げる章がわかるように書きます。

提出年月日　　〇〇年〇月〇日
学籍番号00000　〇〇学科　越後　清香

1. はじめに

> 課題図書のどこに関心を持ったかを書きます。

　課題図書を読み，現在のキャリア教育が抱える問題点に関心を持った。これまで職場見学が有効だと考えてきたので，中学高校時代の職場体験が大学生の職業意識向上につながっていないと知り，現在のキャリア教育のあり方に対して危機感を持ったためである。
　そこで本レポートでは第2章「キャリア教育」を取り上げ，現状のキャリア教育に欠けている視点について考察することにした。

2. 要約　第2章「キャリア教育」

> 取り上げる章の内容を要約するとともに，本全体のなかでの位置づけがわかるようにします。

　第2章は，第1章「就職支援とは」の就職支援の概要の説明に続いて，就職支援の一部である「キャリア教育」を取り上げて論じているパートである。
　まず，キャリア教育の現状についての考察がある。著者は全国大学生のキャリア教育結果を調査したところ，キャリア教育を行っても，必ずしも就職率が向上しているわけではないと指摘する。次にこういった状況を指摘したうえで，著者はキャリア教育の内容についての問題点を2点あげている。その1つ目は教育内容の貧弱さである。つまりそれは，産業界との協力が不十分であることを意味する。2つ目はキャリア教育の内容の偏りである。さらにこれらの問題点への対策として，日本社会の産業構造を学ぶ講座，複数の会社訪問の機会を提供すべきだと著者は主張する。これは今後の大学のカリキュラム改革になる可能性が高い。

このように，第2章「キャリア教育」の議論は，第3章の「大学教育の変革」を論じるための前提であり，キャリア教育見直しの提案でもある。

3. 考察 「キャリア教育の問題点」に関して

　著者があげた，2点のキャリア教育の問題点を取り上げて考察する。

　著者は問題点の1つ目として現在の大学のキャリア教育の内容の貧弱さをあげている。これは，越後（2010）が指摘するように，キャリア教育が適性や自分探しに終始していて就職したあとにどのように職場に順応するか，社会のなかでの自分の役割を知る視点が欠けているからである。また，カリキュラム内容が漠然としている。実際企業に就職したあとの具体的な仕事内容や，将来の働き方のイメージを，学生はほとんど学ばない。就職後の社内教育に任されている。したがって，著者が主張するキャリア教育の内容が貧弱だという主張は妥当だといえる。

　2つ目の問題点は，グローバル社会の産業構造の理解の視点が欠けていることに起因する。著者は日本の産業構造を学ぶ必要を指摘するが，それでは不十分である。三幸（2012）はこの問題について「学生はいつまでたっても日本国内の企業イメージだけで就職先を選んでいる。(p. 45)」と述べ，学生が日本産業の国際的な役割に無知なことを指摘する。つまり，キャリア教育とは，世界における日本の役割や日本における自分の役割を具体的に考察していくことだと考えられないだろうか。

　キャリア教育の問題点は内容の貧弱さ，実用性のなさである。また，さまざまな業種，職種を具体的に学ぶ機会を取り入れるべきである。さらに，国際的な視点も忘れてはいけない。大学と産業界が協力しあう必要がある。

4. おわりに

　第2章を読み，学生の就職支援であることを前提に，キャリア教育の問題点について考察した。それは，大学の教育改革につながるといえる。しかしまだ，著者の改善案に関しては疑問が残る。それは，社会構造の理解や国際的な視点の不足のためである。以上，本レポートでは大学のキャリア教育における問題点について考察した。

課題図書

　亀田あられ（2012）『大学生の就職支援』浪花屋出版　より　第2章「キャリア教育」（pp. 52-100）

参考文献

　越後団子（2010）『日本の産業構造』ブルボン書房
　三幸餅行（2012）『就職活動の問題点』佐藤書店

大卒者の雇用問題 －大卒者の早期離職を減らすには－

提出年月日　　○○年○月○日
学籍番号 00000　○○学科　越後　清香

1. 序論

現在，大学生の多くは，長期にわたる就職活動を経て企業から内定をもらい，社会人としての一歩を踏み出していく。しかし，苦労して就職したにもかかわらず，早期に離職してしまう学生も存在する。こうした大卒者の早期離職の現状や背景，社会にもたらす影響を確認し，有効な対策について考察する。本稿では，就職後3年以内に離職することを早期離職と呼び，若年者と呼ばれる35歳未満の労働者のなかでも，特に大卒者の早期離職に焦点をあてて考察する。

2. 大卒者の早期離職問題の現状

まず若年者の早期離職の現状を確認する。厚生労働省（2013）によると，平成21年度の就職後3年以内の離職者の割合は，大学卒で28.8%である。数字の内訳は，1年目が11.5%，2年目が8.9%，3年目が8.4%となっており，1年目の離職者が最多だが，2年目3年目の離職も一定数いることがわかる（図1）。

図1：新規学卒者の離職状況

3. 大卒者の早期離職の原因

次に若者の離職理由から早期離職の原因を確認する。「キャリア教育」会議の「大卒者の離職理由と職場定着状況調査」（2007, p. 142）によると，若者の離職の最大の理由は，労働条件に対する不満と仕事上のストレスである。こうした状況がなぜ起きるのか。ここでは現在の日本企業の厳しい労働環境を指摘したい。

亀田（2011, p. 161）は，現代の日本企業で働く若者が，雇用形態に関わらず厳しい労働環境にさらされており，こうした状況が早期離職を生み出す背景になっていると述べる。現在の若者をとりまく雇用情勢は「就職活動に成功して正社員になればよい」というレベルを超えており，若者自身もこの状況を理解しているため，労働条件に不満を持つと，周囲の同僚に相談することもなくすぐ職場を辞めてしまう傾向が強い。

4. 大卒者の早期離職はなぜ問題なのか

　前述した現状を踏まえつつ，大卒者の早期離職がなぜ問題なのか，考察する。

　若年者の早期離職は大いに問題である。なぜなら，当事者である大卒者と企業の双方が損失を被るだけでなく，社会に長期的な損失を与えるからである。早期離職は，大卒者にとっては内定までに費やしたコスト，また企業にとっては選考や人材育成に費やしたコストが無駄になる。しかし，彼らの早期離職は，単にこうした当事者間の損失にとどまらず，長期的に社会全体への損失をもたらす。それは高度な職業人材の確保が遅れるという点である。一般的により高度な仕事ができるようになるには，技能習得や人脈構築など一定の時間を必要とするが，大卒者の早期離職は，こうした高度な仕事に就く時期を結果的に遅らせ機会を狭める。近い将来，日本では少子高齢化による深刻な労働力不足が予想され，自国で高度な職業人材を育成し早期に確保する必要がある。大卒者が職業人として成長することは社会全体の目標ともいってよい。

　以上のように，大卒者の早期離職は，一刻も早く解消すべき問題である。

5. 結論　早期離職を防ぐ対策とは

　若年者の早期離職を減らすため，企業と大学双方がとりうる有効な対策とは何か。以下に考察を述べ，結論とする。

　まず，企業側に求められる対策として，希望に応じた配置や労働条件の改善や社内外のメンター制度の推進が必要である（「キャリア教育」会議，2007，p. 146）。

　次に，大学側の対策としては，より本質的な職業教育が求められているといえる。

　最近では若年者の早期離職問題が徐々に認知され，対策を講じる企業も出てきているが，その数はまだ少ない。そこで，就職支援を行う大学側の対策が重要になる。大学は，就労現場で起きている問題を正確に伝え，学生が就労後に自分自身を守れるよう労働法規の知識を教えるべきである。現在多くの大学で就職支援が熱心に行われているが，卒業生の支援はまだ十分とはいえない。大学は卒業生のための相談窓口を設けるなど，早期離職を回避するための対策を講じるべきである。このように，大学は厳しい就労現場を乗り切れる学生を育成しつつ，同時に「会社人間」とは異なる価値観を学生に提供するべきだ。大学は，本来企業とは根本的に異なる学問的な価値観を持っている。単なる就職支援だけでなく，「豊かな人生」について考える機会をより多く提供すべきである。

参考文献
図書
　亀田一郎（2011）『若者の「就活」を考える』ブルボン出版
Web サイト
　厚生労働省（2013）「若者雇用関連データ」所収「新規学卒者の離職状況」
　http://www.mhlw.go.jp/topics/2010/01/tp0127-2/12.html（参照 2013-03-03）
　「キャリア教育」会議（2007）「大卒者の離職理由と職場定着状況調査」
　http://www.jil.go.jp/institute/research/2007/036.htm　（参照 2013-03-03）

資料② レポート・論文の体裁の整え方

◀1▶ 書式設定を確認しよう

大学で書く論文は，パソコンでつくることが前提となっています。書式が指定されている場合はそれに従って設定してください。

●推奨する書式設定

用紙 ： A4用紙
余白 ： 上，下，右，左 すべて 25mm
文字 ： 本文 11ポイント 明朝体
　　　　 見出し 12ポイント ゴシック体
　　　　 タイトル 14ポイント ゴシック体

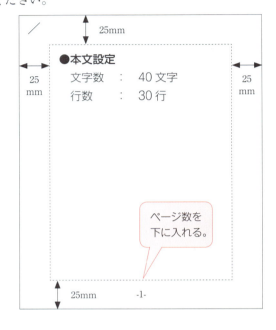

◀2▶ レポート・論文の体裁を確認しよう

本文に表紙をつけて提出しましょう。

●表紙に記入すること

論文タイトル
授業名（教員名）
提出年月日
学部（学科）
学籍番号　氏名

レポート・論文の体裁の例

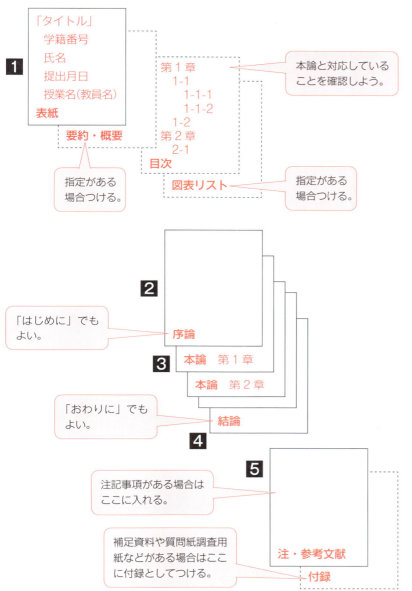

アドバイス

左図の実線部分は，必ず必要なものです。p. 12, p. 25〜27で示した，レポート・論文の5つの構成要素 **1 2 3 4 5** に対応しています。

アドバイス

左図の点線部分は，卒業論文などの大部の論文には必要です。それ以外のレポート論文の場合は，指示があるときのみ必要となります。

◀3▶ 図表番号の入れ方

本文中に図表が入る場合は，通し番号をつけておきましょう。図表リストの作成が指定された場合は，通し番号順にリスト化します。

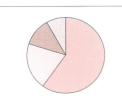

図1　業種別就職者の割合（単位：％）

表1　業種別就職者数経年変化（単位：人）

	○○	○○	○○	○○
2010	10	1	20	10
2011	12	5	10	100
2012	13	6	5	10

アドバイス

一般的に，図タイトルは図の下に，表タイトルは表の上に記載します。これは，JIS（日本工業規格）で決められている方法です。

オリエンテーション編　35

ブックレポートを書く意義

　大学では,「本や論文を読んでその内容を要約し,批判的な検討を加えなさい」という課題がたくさん課されます。これは,1冊の本や論文の内容をつかみ（要約し）,その内容を批判的に考察すること（批評）を目的としたブックレポートといいます。このようなブックレポートが大学で課されるのはどうしてでしょうか。この課題には2つの大きな狙いがあります。

　1）課題図書を読んでテーマの内容をよく理解してほしいからです。じっくり読むことによって,授業の理解を深めることになります。

　2）ブックレポートという形式のレポートを書くことが,他の形式のレポートや論文や卒業論文を書くための練習ともなるからです。

　ブックレポートのどのような点が他のレポートや論文の練習になるのでしょうか。ブックレポートは1冊の本や論文,あるいは1冊の本のなかの一部を対象として,内容を理解したり批評を加えたりします。一方,卒論などの長いレポート・論文は,複数の本や論文を読んで批判的な考察をしていきます。1冊の本でできないことは,複数の本でできるはずがありません。つまり,ブックレポートを書くことで,複数の本や論文を扱う本格的な論文を書くための基礎能力をつけてほしいという狙いがあるのです。

　まずは,ブックレポートに必要な能力を磨き,文章を読み,考え,表現する基礎能力をつけましょう。

●**ブックレポート**　1冊の本や本の一部,論文が対象
発想力,読解力,要約力,批判的思考力,表現力が必要となる

●**卒論などの長いレポート・論文**　複数の本や論文が対象
発想力,読解力,要約力,批判的思考力,表現力に加え,
　課題発見力,情報収集力,情報整理力なども必要となる

基本スキル…編
レポート・論文を書くための5つの基礎能力をつけよう

Work

1
2
3
4
発想力	5	レポート・論文に必要な考える方法を知る
読解力	6	読んで理解する
要約力	7	他者の主張を正しくつかむ
批判的思考力	8	他者の主張を批評する
表現力	9	論理的な表現を知る

10
11
12
13
14
15
16
17
18
19
20
21

的確に情報を読み解くためには？

レポートによく用いられる表現を知ろう

　レポート・論文を書くための基礎能力をつけましょう。レポートを書くためには，内容を要約したり著者の主張を特定したりすることが必要です。また，著者の主張に対して自分なりの意見を持つこと，つまり批評することが要求されます。

　そこでまずは，レポートを書くために必要な5つの能力（発想力，読解力，要約力，批判的思考力，表現力）をきたえるトレーニングをしましょう。

　5つの能力を学んだら，本を読んで批評する「ブックレポート」を書いてみましょう。

Work 5

発想力をつけよう
～レポート・論文に必要な考える方法を知る～

身につけるスキル
▶発散型思考ができる
▶収束型思考ができる
▶思考スキルの基礎がわかる

Activity
❶ レポート・論文に求められる思考の大切さを知ろう
❷ アイデアを広げてみよう：発散型思考
❸ アイデアを絞ってみよう：収束型思考
❹ さまざまな思考パターンを知っておこう

　レポート・論文を書くということは，調べて写すということではありません。対象となるテーマや問いについて，自分なりに理解して考察を深めた結果を書くのです。そこで，考える方法について知っておく必要があります。さまざまな思考スキルを知っておきましょう。

1　レポート・論文に求められる思考の大切さを知ろう

　レポート・論文作成にはある程度決まったプロセスがあります。それぞれのプロセスでは，深く考える力が求められています。

プロセス①　テーマから自分なりの論点を考える。
　▼　　　　課題設定力・論点発想力
プロセス②　論点に従って調査し，資料を取捨選択する。
　▼　　　　情報収集力・情報探索力・情報整理力
プロセス③　集めた情報を読み解く。
　▼　　　　読解力・要約力・文献整理力
プロセス④　調査結果を分析・考察する。
　▼　　　　批判的思考力・課題考察力
プロセス⑤　考察結果を論理的に表現する。
　▼　　　　表現力・論理構成力・文章構成力
プロセス⑥　最終的に振り返り，全体を確認する。
　　　　　　自分自身の論文作成を振り返り修正する力・自己管理力

　まずは，テーマから自らの論点を見いだす力が求められます。それは，柔軟な発想力に裏付けられた課題設定力です。
　発散型思考と収束型思考の発想方法を学んでおきましょう。

❷ アイデアを広げてみよう：発散型思考

ある課題が出たら，それに関連する知識をすべて出してみましょう。自分の知識の限界を知ることができたり，思いがけないアイデアが浮かんだりすることもあります。

◀ 1 ▶ 付箋に書き出してみる

テーマに関連して思い浮かぶ単語や疑問をどんどん付箋に書いてみましょう。単語は黄色，疑問は水色というように色分けをすると，後で行う収束型思考のときに便利です。「**KJ法**」を行うときにも付箋は活躍します。

> 🔑 **キーワード**
>
> **KJ法**：文化人類学者の川喜田二郎の考案した情報整理法。データをカードに記述し，カードをグループごとにまとめて，図解し，論文等にまとめていきます。

◀ 2 ▶ マンダラートを使ってみる

「**マンダラート**」とは，9つのマスの中心にテーマを書き，まわりの8つのマスに関連する語を書き入れていくものです。まずは，8つのマスすべてを埋めます。次に8マスのうち1つを選んでもう一度同じように展開します。

1	2	3
8	テーマ	4
7	6	5

> 🔑 **キーワード**
>
> **マンダラート**：デザイナーの今泉浩晃が開発したアイデア思考法。9つの正方形のセルの真んなかにテーマを書き，まわりの8つのセルにアイデアを強制的に考え出して埋めていきます。

◀ 3 ▶ 5W1Hで考えてみる

テーマに関して，When（いつ），Where（どこ），Who（だれ），What（なに），Why（なぜ），How（どのように，どれくらい）の疑問文をつくってみる作業をしてみましょう。これらの基本的な疑問は，大半が最初に解決しなくてならないもので，下調べをするときの指針となります。

> 📣 **アドバイス**
>
> マンダラートを使ってp. 71～73では課題発見力をきたえていきましょう。

◀ 4 ▶ たくさんの疑問を出してみる

5W1Hだけの簡単な疑問から離れ，もう少しつっこんだ疑問をつくってみましょう。（例：AとBを比べると何がわかるのか？ Aの対策は？）

> 📣 **アドバイス**
>
> p. 41の代表的な思考パターンを参考にして，つっこんだ疑問をつくってみましょう。

◀ 5 ▶ マッピングしてみる

ビジネス現場でも発散型思考ツールがよく使われています。次々にアイデアを広げるマップを書いていくことも有効です。

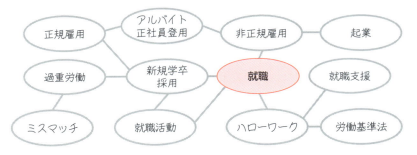

Work 5

③ アイデアを絞ってみよう：収束型思考

広がったままのアイデアでは，論点が絞られた論文は書けません。アイデアを絞ったり構造化したりする思考が求められます。

◀1▶ 概念を小さくしてみる

テーマの概念を小さくしていく方向で考えてみます。たとえば，「就職」より小さい概念として「大学生の就職」，さらに小さい概念として，「大学生の就職支援方法」というように考えていきます。

> **情報リテラシー**
> 右記の概念を絞るための図は，Microsoft Word 内の Smart Art という図表作成ツールを使って作成しています。概念を絞っているイメージがわかりやすく表現でき，思考を整理しやすくします。
> p. 41 の思考図と同じ概念をあらわす図も多数用意されていますので，活用してみましょう。

◀2▶ 付箋を整理してみる

付箋に書き出した項目を整理します。大きめの紙に付箋を貼りつけながら，関連性を記入していく作業をします。同じような項目同士を集め○印で囲み，それらをあらわすキーワードをつけます。また，対立する項目を対比するための矢印を記入したりします。こうすることで，いったん広がったアイデアが構造化されていきます。

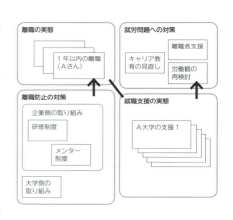

④ さまざまな思考パターンを知っておこう

代表的な思考スキルは，次のような「**思考図**」であらわすことができます。図を書くことによって，頭のなかを整理しながら考えることができます。

図解して考えることは，論文作成のすべてのプロセスで活用できるだけではなく，普段の考える力をきたえることにもつながります。

> **キーワード**
> 思考図：シンキング・ツールとかグラフィック・オーガナイザーなどともよばれる，思考の道筋を図でわかりやすく表現したものです。これらを利用することで，思考の整理を助けることができます。

比較対照	（ベン図：A C B）	AとB固有の特徴（相違点）がある一方で，Cという類似点もある。
原因と結果	原因A → 結果B	A……という原因の結果，Bという現象が起こった。
原因と結果＋対策	原因A → 現象B → 影響C，対策D	Aという原因の結果，Bという現象が起こり，Cという影響があり，Dという対策がある。
マトリックス図（4次元の例）	A B / C D	A，B，C，Dという4つの次元に分けて考えてみる。A，B，C，Dの関連性や方向性を考えて次元を分ける。
分類	A─(B, C, D)─階層構造	AはB，C……のような階層構造で分類できる。
連鎖	歯車A→B→C	Aが起こった結果，Bが起こり，Bが起こった結果，Cが起こるという連鎖関係がある。
時系列変化	A B C D E	時間順にA，B，Cという出来事，変化があった。

> **アドバイス**
>
> 次元をいくつかに分けて考えるマトリックス図の考え方は，頭のなかを整理する方法として汎用性があります。一方で，自分で次元を設定して考えるため，やや難しく感じるという側面があります。
>
> マトリックス図には，3次元に分ける「Yチャート」，4次元に分ける「Xチャート」とよばれる初歩的な図があり，初等中等教育でも使われ始めています。

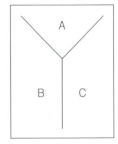

Yチャート

Work 6

読解力をつけよう
～読んで理解する～

身につけるスキル
▶的確な情報だけを抜き出せる
▶自分の言葉で言い換えられる
▶グラフや図を正しく読み取れる

Activity
❶ 文献をじっくりと読む方法を知ろう
❷ 線を引いたりメモを取ったりしながら読もう
❸ 自分の意見や考えたことは構想メモにしよう
❹ 図表やグラフも読み取ろう

　ここでは，文献をじっくり読む方法を学びます。じっくり読むためには，集めた文献について，重要な情報を正確に抜き出したり，自分の意見を付箋やメモに記録したりする作業が必要です。この方法に慣れるとレポート作成以外のさまざまな場面にも応用できます。

❶ 文献をじっくりと読む方法を知ろう

　レポートを書くための読み方は，小説やエッセイを読むような楽しみのための読書方法とはまったく異なります。文献を読むときの作業には，読みながら書き込みをすることと，読みながら自分で考えたことをメモに残すことの2段階があります。

STEP1 線や記号を書き込みながら，文献を読む。

例：
・疑問点：傍線と「？」
・重要なところ：波線
・キーワード：○で囲む

STEP2 読み終わったらもう一度はじめから見直し，重要な部分を抜き書きする。

例：重要な部分に傍線を引き，ページ・行を書いて抜き書きする。

STEP3 著者の主張の中で特に重要な部分について，自分の意見を書く。

例：気になった所について，自分の考えを付箋に書いて貼る。
（または余白に書き込む）

アドバイス

　抜き書きとは，資料のなかから必要な部分をそのまま書き写すことです。
　抜き書き作業を繰り返すとよい文体を自分のなかに取り込むことにつながり，表現力がアップします。

アドバイス

付箋を活用しよう！
　本を読んでいて重要だと感じたページに付箋をつけることも効果的です。
・自分の本：書き込みも付箋もOK。
・図書館で借りた本：
　書き込みNG！付箋ははずしてから返すこと。

❷ 線を引いたりメモ取ったりしながら読もう

> ポイント
> 「しっかり読む」ことを「詳読（しょうどく）」といいます。

◀1▶ 線や記号を書き込もう

下記の例のように，考えながらしっかりと読み込んでいきましょう。読んでいくなかで自分の考えが深まっていきます。

文献の内容

仮に，年齢ではなく就業しているかいないかによって，就業者と非就業者（子どもを含む）の関係をみてみると，<u>経済成長</u>と若者・女性・高齢者・障がい者などの<u>労働参加</u>が適切に進んだ場合は，2030年の非就業者一人に対する就業者の数は，現在と比べて大きく<u>増加</u>する見通しである。一方，経済成長と労働参加が適切に進まない場合は，非就業者一人に対する就業者の数は大きく<u>減少</u>する見通しである。

（付箋メモ）若者・女性・高齢者・障がい者が労働に参加できないため，就業者の負担が増大している。
→解決策は？

◀2▶ わからない言葉はすぐに調べよう

意味がわからない言葉が出てきたら，すぐに調べましょう。わからないままにしておくと理解が進みません。

◀3▶ 重要な部分はメモを取っておこう

レポート・論文では，文献から得た情報について批判的に考えたり自分の考えを構築したりしなくてはなりません。ここでは2種類のメモの取り方を紹介します。

①要約してメモを書く方法

著者の主張をねじまげないように自分の言葉でまとめる。
箇条書きにしてもよい。

> ・大学進学率が上昇している
> ・それが就職率の低下を招く原因にも（p. 25）

> ポイント
> メモには，参考にしたページも書いておきましょう。

②文章を抜き書きする方法

文章をそのままメモする。「　　」（カギカッコ）をつける。

> 「大学進学率が上昇することにより大学生の数は年々増加している。このような状況が就職率の低下を招くことになる。」
> （p. 25）

> アドバイス
> ページ付けがあるものについては，必ずメモしておきましょう。

Training

手元にある文献の一部を，①要約する方法，②抜き書きする方法の2種類の方法でメモを取ってみましょう。

Work 6

3 自分の意見や考えたことは構想メモにしよう

アドバイス
構想メモでは接続語（p.60）を図式化すると，論の流れを把握しやすくなります。

読書中にふと考えたことや，思いついたことなどをメモしておきましょう。

例 構想メモ

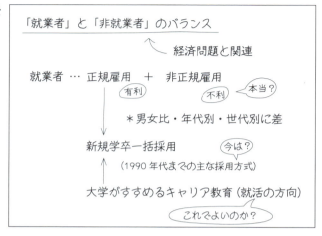

4 図表やグラフも読み取ろう

アドバイス
Excelなどのパソコンの表計算ソフトには，さまざまなパターンのグラフ書式が含まれており，参考になります。

◀1▶ 図表の読み取りポイントを知ろう

文献のなかにある図表・グラフの情報は，レポート作成上の有力な根拠になることがあります。

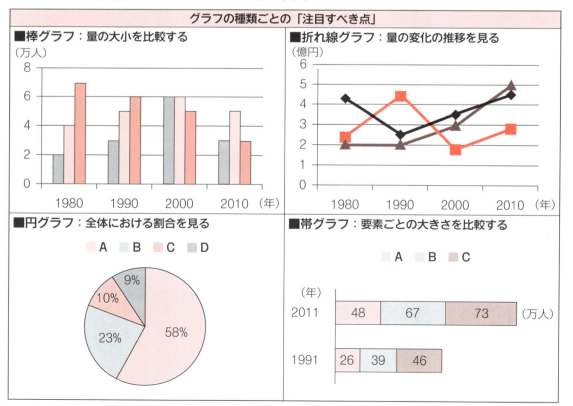

◆2▶ 図表やグラフの内容を記録しよう

　図表・グラフの前後に解説がある場合には抜き書きをし，解説がない場合には，下記のポイントを確認して自分の言葉で記録します。
・表題（タイトル）
・調査対象，調査項目，調査期間
・単位，記号の説明
・注目すべき点（グラフの種類ごとに異なる）

例 『労働経済白書平成24年度版』（厚生労働省，2012）p. 217 を使った場合

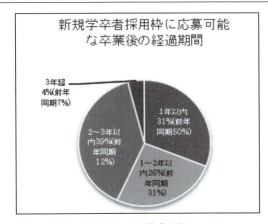

『労働経済白書　平成24年』p. 217

図の関連部分（本文からの抜き書き）p. 217
既卒者の応募が可能な企業のうち，卒業後の経過期間の上限を見ると，2010年は，1年以内が約5割，1～2年以内が約3割，2～3年以内が約1割，3年超が約1割であったのが，2011年は1年以内が大きく低下し，2～3年以内が大きく上昇するなど，卒業後，より長期間経過した者も応募が可能となっている。

メモ（自分の言葉で言い換えて記録）
文献情報：『労働経済白書平成24年度版』（厚生労働省，2012年）p. 217
グラフの題：「新規学卒者採用枠に応募可能な卒業後の経過期間」
・既卒者でも新規学卒者の採用枠に応募できる企業が増加している。
・卒業後3年以内の者に新規採用のチャンスを与える企業が大幅に増えている。

 手元にある文献から図表やグラフを探し，
メモを取ってみましょう。

Work 7

要約力をつけよう
〜他者の主張を正しくつかむ〜

身につけるスキル
▶主張を正しくつかむことができる
▶主張を的確に短くまとめることができる

Activity
❶ 要約について知っておこう
❷ 要約文の書き方を学ぼう

文章を読んで要約する能力は，レポート・論文を書くときに必要不可欠なものです。筆者の主張や話題の中心を見つけなければ，自分の意見は持てず，自分のレポート・論文に引用することもできません。文章を読むときは筆者の主張したいことが何かを探り，線を引いてみましょう。

1 要約について知っておこう

◀1▶何のために要約するのか

レポート・論文を書く際に要約が必要なのはなぜでしょうか。
①文献を読んで，自分の考えを持ったり，反論したりするためには，まず筆者の主張を理解しなければなりません。そのために要約が必要です。
②レポート・論文を書く際には，参考にした文献を引用しなければなりません。要点をまとめて紹介するためには要約する必要があります。

◀2▶要約の方法

要約するための手順を確認しましょう。
①文献を通して読みます。
②筆者の主張を見つけて線を引いていきます。
③重要な主張をつなげて短くまとめます。
④具体例や比喩，修飾，引用，説明部分，反復部分，言い換え部分はカットします。
⑤全体の流れや，話題の中心を見失わないように短くまとめます。

◀3▶重要な主張の見つけ方

①文章がパラグラフの形式になっている場合
　パラグラフは冒頭に結論となる話題や主張が提示されています。その部分に注目していくと，容易に文章全体を要約することができます。
②文章が明確なパラグラフの形式ではない場合
　反復されたり，言い換えられたりしている部分や，「しかし」「だが」「つまり」「すなわち」などの逆接や要約や言い換えの接続語の後には，著者の主張が書かれていることが多いです。

アドバイス
本全体や章全体など，長い文章を要約するためには，目次や見出しに注意し，大意をつかむことが大切です。細かい部分にこだわりすぎないようにしましょう。

アドバイス
要旨とは，著者の述べたいことの中心のことです。
要約とは，文章の重要なポイントを短くまとめることです。

アドバイス
レポート・論文を書くときに基本がパラグラフだということをp.13で学びました。パラグラフは文章を読むときにも意識する必要があります。

2 要約文の書き方を学ぼう

　実際にどのように要約文を書いたらよいのか例を示します。要約文の書き方の3パターンを紹介しましょう。下記の例は，文章を読んで，筆者の主張があらわれていると考えた部分に下線を引いた状態になっています。

> 例
>
> 　現在，大学におけるインターシップ実施率は7割を超えているが，その方法は多様で，大学生対象のインターシップが就職率向上有効であったかどうか，就職後まで役立ったかどうかを判断することは難しい。
> 　たとえば，A企業では，長期にわたって学生に社員と同じ就業体験をさせているが，B企業では，一日で，会社の概要を説明し一部の業務の見学することをインターンシップ事業と呼んでいる。またC企業では課題を学生に与え，一定期間に学生に解決させるプロジェクト型のインターンシップを実施している。このようにインターンシップと一言で言っても，実施方法は実に様々である。したがって学生によりインターンシップに対する印象も多様で，それによって得られた満足感や自己効力感も質が異なってくる。
> 　ゆえにインターンシップとひとくくりにするのではなく，実施方法ごとに学生の満足度や，実際の就職に役立ったかどうかを調査していかねばならない。

（吹き出し）「たとえば」から始まる例示部分は，要約文の作成には省いてよい。

① パラグラフに注目して要約する（主題文と結び文に注目する）

> 　大学生対象のインターンシップの方法は多様で，それが有効であったかどうか一概に判断できないので，実施方法ごとに学生の満足度や就職にどのように役立ったかを調査していかねばならない。

② 筆者の使った言葉をそのままキーワードとして「　　」の中に抜き出し，それをつなげてまとめる

> 　大学生対象のインターンシップの方法は「多様」なので，インターンシップが「学生の就職率にとって有効であったか，就職後まで役立ったか」を「実施方法ごとに」調査していかねばならない。

③ ①の要約文を間接引用する

> 　筆者は，大学生対象のインターンシップの方法は多様で，効果の有無を断言できないので，実施方法ごとに就職率や学生の満足度，実際の就職に役立ったかを調査しなければならないと述べている。

アドバイス
　引用の書き方には，そのまま書き抜く直接引用と，要約したものを利用する間接引用があります。p.16～17を確認しましょう。

Work 7

Training 例文を一文で要約してみましょう。

> 昨今の大学のキャリア教育の特徴は，大学のカリキュラムに組み込まれ，正課の授業として行われている点だ。単位も与えられる。したがって今までの希望者だけが受ければよいというオプション的な位置づけから，学生全員に教育しなければならない必修授業的な位置づけに変化している。

Training 例文を下記の条件にあわせて要約して引用もしてみましょう。

> 日本におけるインターンシップ教育は，大学がキャリア教育に本格的に取り組んでいた時期に導入され，普及してきた。しかしそこには問題点がある。
> 　まず，日本ではほとんどの学生が春休み・夏休みなどを利用して企業等で職業体験をしているが，短期間であるために，本当に職業基礎能力が身についたかどうか疑問である。また，ビジネスマナーはインターンシップでなくともアルバイトで培うことができるとも言われている。インターンシップが学生にとって本当に必要かどうか疑問である。
> 　したがって，大学側は短期アルバイトとインターンシップの差異化をどのように図るか，受け入れ企業側にインターンシップの目的を理解してもらうにはどうしたらよいか，考えていかねばならない。大学には重い責任と負担が課されている。
>
> 　　　　参考文献　亀田あられ（2012）『大学生の就職支援』浪花屋出版

①話題の中心は何か読み取りましょう。線を引き，書き抜きましょう。

②一文に要約しましょう。

③要約した文章をもとに間接引用文を書きましょう。
　亀田(2012) は

資料③ 要約のしくみを新聞から学ぼう！

要約のイメージがつかみにくい人は，新聞記事の書き方のしくみを学びましょう。
　新聞記事は，見出し，リード文，本文で構成されています。本文の要約がリード文であり，さらに要約したものが見出しです。新聞記事のしくみがわかると要約のしくみが理解しやすいです。

Training

新聞記事を読み，主要な情報がどのようにまとめられているかを確認しましょう。①から④の順番で新聞を読み解きましょう。

① タイトル，リード文，本文をざっと読む
② タイトル，リード文，本文を比較し，同じ単語や表現を☐（四角）で囲む
③ 同じ内容でも異なる表現の部分に線を引き，抜き書きする
④ 5W1Hを意識して，内容を説明する（新聞記事をなるべく見ない）

①〜④の続きの練習として，次のような方法も効果的です。

・5W1Hのメモをつくり，自分のコメントを短くつける
・リード文と異なる文字数（90・120・150・200字など）を設定し，文を書き直す

例　新聞記事を利用した，要約理解の練習

見出し（24字）
リード文の要約になっていることを確認しよう

> ブラック企業許さない
> 専門家プロジェクトチーム始動

リード文（111字）
本文の要約になっていることを確認しよう

ブラック企業による被害が後を絶たない中，労働問題に関わる専門家が連携するプロジェクトチームが先月8日都内で結成された。専門家の連携により，被害救済に向けた取り組みが積極的に展開されるようになると，関係者も期待を寄せている。

本文（395字）

ブラック企業対策プロジェクトチーム（愛称：ブラプロ）は，ブラック企業の被害相談や救済活動に関わる関係者，具体的には，被害対策弁護団や労働組合関係者，労働NPO，社労士，行政関係者，研究者で構成される。

代表を務める越後大学キャリア学部の栗山ゆき教授は，「専門家の連携のメリットは大きい」と話す。関係者はこれまでも互いの専門性を発揮し，必要に応じて協力しながら取り組みを進めてきたが，個別の活動にも限界があり，適切な連携先を見つけられないこともあったという。「たとえば，ブラック企業の被害に遭っている若者は自分を責める気持ちが強く，問題解決に向けた行動をみずから起こそうとしませんが，連携協力体制が最初にできていれば，相談を受けた者は弁護士と連絡を取り合いながら法的支援にあたることも可能です。また，啓蒙的なイベントや政策提言など，より社会的な取り組みも積極的に展開できます。」と栗山教授は話す。

基本スキル編　49

批判的思考力をつけよう
～他者の主張を批評する～

身につけるスキル
▶著者の主張を批評できる
▶批評した結果を文章にできる

Activity
❶ 批判的思考（クリティカル・シンキング）をしてみよう
❷ 批評の理由を文章化してみよう

　著者の主張を単に納得するだけではなく，主張の前提があっているのか，主張の根拠は示されているのか，その主張は本当か，と「つっこみ」を入れることが必要です。これを批判的な思考をするといいます。これはレポートや論文を書くときには欠かすことができない頭の使い方です。また，そのような批判的思考の結果として，指摘したい問題を提起する文章を書いてみましょう。

ア アドバイス
批判的思考とつっこみは，どちらも同じ頭の働きをします。話の矛盾点を見つけたり，根拠の不足を指摘したりします。何にでも疑問を持つことが良いレポートを書く近道です。

1 批判的思考（クリティカル・シンキング）をしてみよう

◀ 1 ▶ **構成：論の進め方が論理的に正しいのか，つっこみを入れる**

　物事について深く吟味するような思考の仕方を批判的思考（クリティカル・シンキング）といいます。批判といっても文句をいう・いちゃもんをつけるというわけではありません。話の筋道が正しいのか，主張を支える証拠やデータがあるのかどうかを判定するということです。
　学術的な活動のために文章を読むときは，論理の展開や根拠の妥当性につねに「つっこみ」を入れながら読み進めるようにしましょう。

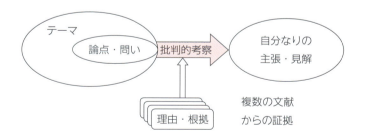

つっこみの例
◆そうはいっているけれど，きちんとした証拠があるの？
◆話の前提となっている条件はそれでいいのかな？
◆そのデータは正しいの？　新しいのかな？
◆論理の展開に無理がない？

● 疑問の持ち方の例

さまざまな疑問をぶつけながら，書かれていることにつっこみを入れる癖もつけてください。書かれていることを鵜呑みにしないことが大切です。次に示すような疑問を持つ練習をしましょう。

☑ Check!

次の疑問の持ち方を利用して，自分の手元にある文章に対してつっこみを入れてみましょう。

□ 信ぴょう性	□ 定義	□ 時間	□ 空間
本当に？	どういう意味？	いつから？いつまで？	どこで？
□ 主体	□ 経緯	□ 状態	□ 方法
だれが？ だれは？だれにとって？	これまでどのように？	どんな状態？どのような？	どうやって？
□ 順番	□ 分類	□ 数量	□ 因果
どの順番で？	どう分けられる？	どれくらい？	なぜ？
□ 比較	□ 限定	□ 解決法	□ 一般化
他はどうか？どちらが？	すべてそうなのか？	どうすべきか？	これだけか？

例 著者の主張に対しての考察の深め方

著者の主張：2000年の○○調査によると，女性の年収と有配偶率とは密接な関係がない。それは，女性が結婚後に専業主婦になる場合や就業を継続している場合があるためである。

つっこみポイント

☑ 信ぴょう性	☑ 一般化
根拠となる調査は正しいか？	この調査だけで主張できるか？

問題点（つっこみどころ），疑問点，気になった理由など：
著者が参照したデータは2000年である。現在の問題を指摘することが前提になっている論文なのに，10年以上前のデータというのは，古すぎはしないか？ もっと新しいデータがあれば，情報は違うのではないか。

解決案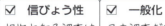

データが新しければ説得力が増すだろう

Work 8

◀2▶ つっこみから，自分の意見を述べる

いくら論理的な構成がはっきりしていても，主張や意見そのものに賛成できる場合とできない場合があります。

著者の主張へのつっこみから自分自身の意見を構築する流れには，いくつかの典型的なパターンがあります。

①否定パターン

著者の主張への反論 ➡ 反論の理由

反論してその根拠を示します。

| 著者は若者の就職率を上げるためにキャリア教育の充実が必要だというが私はそれに反対だ。 | ➡ | なぜなら，○○の調査によると，大学でのキャリア教育導入前と後での就職率が変化していないからだ。 |

アドバイス
否定的パターンが最も簡単に扱えます。

②代替案パターン

著者の主張への反論 ➡ 代替案の提示

著者の主張に反論して，代替案を提示します。

| 私は著者の進める中高生の職場体験をさせるキャリア教育に反対だ。特定の業種しか体験できないからだ。 | ➡ | さまざまな企業で働く社員に体験談を語ってもらったほうがより現実的・具体的でよい。 |

③補足パターン

著者の主張の限界の指摘 ➡ 補足・代案の提示

著者の主張の一部に反論して，その部分に対して補足します。

| 私は著者のいうように就労支援は必要だと考えるが，自己分析からスタートする点に反対だ。 | ➡ | 自分探しをするよりむしろ社会の現状や，具体的な職業を学ぶことが先決だと考える。 |

④肯定パターン

批判的検討 ➡ 肯定意見の提示

著者の主張をさまざまな角度から吟味した結果として，肯定的な意見を提示します。

| 著者は最近の若者に対するアンケート結果を引用しながら，現状にあった大学の就労支援策を出している。 | ➡ | 若者の生の声に対応した具体的な就労支援を出している点で評価できる。あとは企業側の対応だ。 |

アドバイス
下記の文献が批評のための参考になります。

【参考文献】
河野哲也（2002）『レポート・論文の書き方』第3版，慶應義塾大学出版会

❷ 批評の理由を文章化してみよう

◀1▶著者の主張へのつっこみと考察結果を書こう

著者の主張に対して考えた自分の意見をまとめておきましょう。

A　著者の主張	日本のインターンシップ教育の問題点は，春休みや夏休みの休業中で短期間であり，学生にとってはアルバイト以上の学びがなく，企業にとっても受け入れが煩雑である点である。(p. 123)
B　つっこみ	著者が参照しているデータは1998年のものである。現在は状況が異なるのではないか。インターンシップは本当にアルバイト以上の学びがないのか。
C　考察	インターネットで○○のサイトを調べたところ，最近では，6か月にわたるインターンシップを行っている大学・企業も存在した。またインターンシップにメリットを感じている企業の数，ためになったと答えている学生の割合も増えていた。また○○の論文によるとインターンシップの問題点は，期間の長短ではなく，大学側と企業側の両方の負担の大きさだと書いてあった。
D　意見（㊀否定，代替・補足・肯定）	日本のインターンシップの問題点は期間が短いことが原因ではないのではないか。著者のあげている問題点は改善傾向にある。むしろ大学側と企業側のコンセンサスをどのようにとっていくかが重要ではないか。

◀2▶まとめたものを文章化しておきましょう

文章にするときは，適切な「**接続語**」を使って論理の流れを明らかにしましょう。

> **キーワード**
> **接続語**：語と語，文と文を結びつける言葉。接続詞は接続語の仲間です。

文章化の例

著者は **A** と主張する。しかし，私は **B** という点で疑問がある。なぜなら **C** のような事実があったからだ。したがって，著者の主張は，**D** といえる。

Work sheet　著者の主張に対するあなたの考察の結果を書いてみましょう。

Download W0802

著者の主張
つっこみ
考察
意見（否定，代替，補足，肯定）
文章化

Work 9 表現力をつけよう ～論理的な表現を知る～

身につけるスキル
▶論理的な展開を知っておこう
▶レポートの独特な書き方に慣れよう

Activity
❶ 事実と意見を区別する姿勢を持とう
❷ 論理的な文章を書くための考え方をしてみよう
❸ 意見をまとめる練習をしてみよう

レポート・論文を書くためには，事実と意見を区別したり，論理的な構成を考えたりしなくてはいけません。どのように論理展開したらいいのか，練習しましょう。

事実と意見を区別する姿勢を持とう

レポートは学術的な文章をめざして書かれるものなので，客観的な文章である必要があります。主観に偏らず，あいまいさを避けるために，事実と意見の記述を意識して書き分ける姿勢を持ちましょう。

◀1▶事実とは

事実には2種類あります。

| 公認された事実 | 歴史上の出来事や自然現象，普遍的な真理 |
| 報告された事実 | ニュースの報告，調査や研究で明らかになったこと |

◀2▶意見とは

意見は事実に対比すべきもので，主観的な判断の入ったものです。推論，意見，仮説，理論などがそれにあたります。書き手のオリジナリティが表現される部分は，意見の記述です。

次の文は事実か意見か答えましょう。

1	文科省の「学校基本調査」によると毎年大学卒業後の無業者は10～20％いることになっている。	事実・意見
2	インターンシップは絶対にフリーター・ニート対策になる。	事実・意見
3	日本の企業が「新規学卒一括採用」を行っているのは，若年の人材確保のためだと考えられる。	事実・意見
4	現在，高校や大学ではキャリア教育がさかんに展開されている。	事実・意見
5	今日では3年以内の離職率が20％を超えている。	事実・意見

2 論理的な文章を書くための考え方をしてみよう

◀1▶ 主張を支える根拠が大切

論理的な文章を書くための根拠は，独りよがりのものではなく，データにもとづく客観的なものや一般的なものでなくてはなりません。

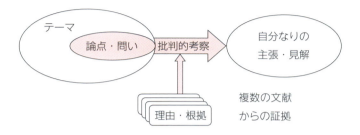

◀2▶ 主張を支える根拠の並べ方は大きく分けて2つの方法があります

2つの方法のどちらを記述するときもパラグラフ・ライティングを意識して記述します。例を参照してください。

①何点かの証拠を示して説得する方法（並列的展開）

それぞれの根拠に連続性や関連性がなく並列している展開です。ただしすべての根拠が同じ主張を支えている必要があります。

（記述例）私の主張はAである。その理由は3点ある。1点目は❶である。2点目は❷である。3点目は❸である。したがって，Aだと主張できる。

②段階的に証拠を説明して説得する方法（系列的展開）

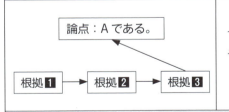

❶の根拠が❷の根拠を導いているなど，根拠同士に連続性や関連性がある場合の展開です。

（記述例）私の主張はAである。まず原因❶によって，❷という結果が生まれた。その❷という結果に対して❸という対策ができた。したがって，Aだと主張できる。

> **ポイント**
> 証拠を示して説得する方法は，パラグラフ・ライティング（p.13参照）の要領と同じです。

Work 9

3 意見をまとめる練習をしてみよう

自分の意見を主張するためのひな形を参考にして書く練習をしてみましょう。それがレポートや論文を書くための練習になります。

下記で紹介するひな型は，意見文を書くための練習フォームです。まず，例題の問いを書き，自分の意見を書きます。そして，その意見になった理由を3つ書き，予想される反論も書いておきます。自分の意見を裏付ける証拠を文献から探してくることで，より信頼性が増します。さらに，意見文をまとめるための文章作成例がありますので，それを参考に文章を書いてみましょう。

アドバイス
反論が書けない場合は，無理して記入する必要はありません。

Work sheet 例題1：体育会系サークルの経験は就職に有利だと思うか，あなたの意見を書きなさい。

1 問い

2 主張・意見

3 理由1 → 4 理由1の例：裏付け／参考文献

5 理由2 → 6 理由2の例：裏付け／参考文献

7 理由3 → 8 理由3の例：裏付け／参考文献

9 予想される反論1　　10 予想される反論2

11 反論への反論

文章化するときのヒント

　私の1についての意見は，2である。
　理由は3つある。まず，(第1に) 2は3だからである。たとえば4のようなことがある。また，(第2に) 2は5だからである。それは，6のような事実からも裏付けられる。さらに（第3に）2は7……8……だともいえる。たしかに，9や10という意見がある。しかし，11である。
　したがって，私は1について2だと考えているのである。

下記のシートも，主張をまとめることができるように工夫されています。
次のシートを使って，自分の意見を書く練習をしてみましょう。

Work sheet 例題２：文系と理系とでは，どちらが就職に有利だと思うか，自分の意見を述べなさい。

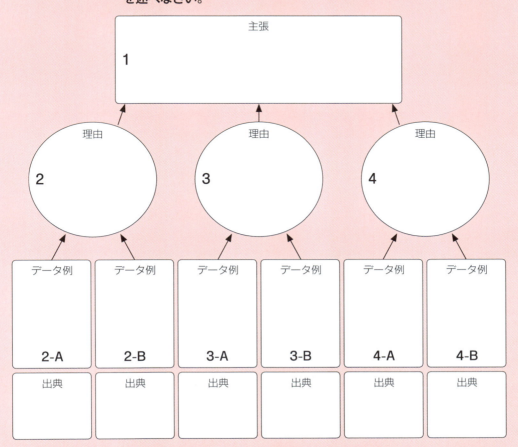

文章化するときのヒント

　私の主張は 1 である。その理由は３点ある。
　まず， 2 だからである。 2-A や 2-B という例がある。
次に， 3 という理由もあげられる。データとして 3-A ， 3-A が示されている。さらに， 4 ということも言えるだろう。 4-A ， 4-B と言う調査結果からもそれは裏付けられる。
　したがって， 1 だといえるはずである。

Training

　　　　　Work5～9で学んだことを活用して，ブックレポート（p. 26, p. 30～31）を書いてみましょう。

スキルアップ編　57

レポート・論文のための表現力集中トレーニング

確認しよう！

　言葉遣いは、服装とよく似ています。時間や場所や状況に応じて服を選ぶように、語句や文体も、伝えたい内容や目的に応じた使い分けが必要です。レポート・論文を書くための言葉遣いは、日常会話やSNS上の短いつぶやき、日記や感想文とは異なります。まずは、レポート・論文らしい言葉遣いを確認しましょう。

❶ 常体と敬体

◀1▶「です・ます」も、敬語もいらない！

　レポートや論文の本文には、過剰な敬語や感謝をあらわす言葉を控えるのが一般的です。なぜなら、レポート・論文を書く最大の目的は、なるべく多くの読み手に、自分の主張を客観的に認めてもらうことだからです。そのため、書き手にも客観的な姿勢が強く求められます。レポート・論文のなかに、過剰な敬語や「です・ます」などの敬体の文末表現があると、全体の印象が下がり、評価が低くなることもあります。

◀2▶最後の一文まで常体で書こう

　レポート・論文の文末は、原則としてすべて常体（だ・である）で書きます。
途中の一部分だけ敬体にしたり、最後の一文を敬体の感想文にしたりしてはいけません。

　　　✕ 敬体　原因を1つに特定することは、困難です。 ⟶ 〇 常体　困難である。

❷ 話し言葉と書き言葉

◀1▶「話し言葉」を「書き言葉」に直そう

　　例：✕ 話し言葉 ⟶ 〇 書き言葉

✕してる ⟶ 〇している	✕あんまり ⟶ 〇あまり	✕すごく ⟶ 〇非常に
✕じゃない ⟶ 〇ではない	✕いっぱい ⟶ 〇多くの	✕だいたい ⟶ 〇ほぼ
✕なんで ⟶ 〇なぜ	✕ちょっと ⟶ 〇少し	✕やっぱり ⟶ 〇やはり

◀2▶論文らしい書き言葉に慣れよう

　レポート・論文は、書き言葉のなかでも、最も非日常的な文体です。最初は大変かもしれませんが、下記に示す3点を意識して書く練習をすると、次第に論文らしい文体で書けるようになります。

- 専門用語や漢語の知識を増やし、多くの専門用語や漢語を使って書く
- 文字量と内容に応じた適切な段落をつくり、書く内容を順序立てて論理的に示す
- 一人称主語（「私は」「自分は」）や、文末の「思う」「考える」は、省略して書く

　　例：レポート・論文特有の言葉遣い

　　　△このレポートでは ⟶ 〇本稿では　　　　△「私は」「自分は」 ⟶ 〇筆者は

3 正しく伝える

◀1▶ 一文を短く！！

一文は短く書きます。一文が長く，複雑な構造になると，下記のような誤解を招きやすい表現になります。

● **意味があいまい（複数の解釈が存在）**
　　例：✕ 大企業と中小企業10社の説明会に行く。
　　　　→「大企業と中小企業，合計10社」か「大企業と，中小企業10社」かが，あいまい

● **主語と述語が対応していない**
　　例：✕「キャリア教育」の目的は，職業観を高め，汎用性のある基礎力を養うことが重要だ。
　　　　→ 主語「目的は」に対応する述語は「養うことだ」

● **文のねじれ**
　　例：✕ 仮に，制度の廃止が決定したかのような対応である。
　　　　→「仮に」は「ても（でも）」と呼応（逆接の仮定）。「まるで」が適切。

● **同じ内容の繰り返し**
　　例：✕ インターンシップは就職のミスマッチをなくすために必要だ。なぜなら，職場を実際に体験することは，不適当な就職を減少させるために重要だからだ。
　　　　→「なぜなら」以降の文も，理由ではなく意見の繰り返しになっている

◀2▶ 表記の確認をしよう

❶ **なんでも漢字にすればよいわけではない！**

「物」「時」「事」「所」などの語句を使う場合は，漢字とひらがなの使い分けに注意します。漢文で学習した語句（たとえば，「勿論」など）使う場合にも，ひらがなで書くのが一般的です。

　　例：形式名詞はひらがなで書く
　　　　✕ 就職活動が研究活動の妨げになる事がある。→ ○ ことがある。

　　例：漢語由来の語句はひらがなで書く

✕ 遂に → ○ ついに	✕ 尚 → ○ なお	✕ 故に → ○ ゆえに
✕ 更に → ○ さらに	✕ 毎 → ○ ごと	✕ 従って → ○ したがって
✕ 勿論 → ○ もちろん	✕ 寧ろ → ○ むしろ	✕ 即ち → ○ すなわち

❷ **変換ミスに要注意！**

ワープロソフトで入力する場合は，漢字の変換ミスを見落としやすくなります。意味を考えながら時間をかけて見直しをしましょう。特に，漢字の熟語はミスを見つけにくく，注意が必要です。

　　例：同音異義語の変換ミス
　　　　✕ 就労支援は大変異議がある。→ ○ 意義

外来語は，多く用いると意味が通りにくくなるので，適切な日本語に言い換えます。最後に，全体を読み直し，漢字・ひらがな・カタカナのバランスが適切かどうかを確認しましょう。

4 論理的に伝える

◀1▶ 接続語
文と文の関係を明確にするために、接続語を用います。適切な場所に適切な接続語を使いましょう。

接続語の使い方

働き	種類	接続語
並べる	付加	そして・しかも・むしろ
	並列	また・かつ
	対比	それに対して・一方・あるいは
	選択	それとも・あるいは・もしくは
	逆接	しかし　だが　にもかかわらず
	話題転換	ところで・さて

働き	種類	接続語
説明する	根拠が前	したがって・それゆえに・だから
	根拠が後	なぜなら・というのも
	条件付け	ただし・ちなみに
	例示	たとえば
まとめる	言い換え	つまり・すなわち
	要約	要するに

接続語使用の例文

　女性が職場で活躍するには，女性の管理職を増やさねばならないといわれている。**しかし，**○○のデータによれば，現在管理職をめざしている女性の数は少ないという。**そこで，**女性のリーダーシップを促すために，入社直後から女性に主体的な活躍の場を与える試みが必要だと考える。**なぜなら，**職場が男性中心に回っていて自主的に活躍する場面がないと，女性は管理職をめざす意識を持たなくなってしまうからだ。**たとえば，**A社は入社直後から，男女で役割分担が決まっていて，プロジェクトリーダーを男性社員にばかり任せていたところ，過去10年間の女性の管理職試験受験希望者はゼロだった。

◀2▶ 反論予想
自分の主張に対する反論を提示したうえで，さらに自分の主張の妥当性を述べる型があります。

　　（私の主張）に対しては **確かに** ○○という批判があるだろう。**しかし** （私の主張で）ある。
　　　　　　　　　　　　　　確かに ○○という問題がある。　　　**しかし** （私の主張で）ある。

◀3▶ ナンバリング
支持文では，順序だてて説明をします。

　　1つ目は…　2つ目は…　3つ目は…　　　まず…　次に…　さらに…　最後に…

◀4▶ 結論の表現
結び文では，「以上のことから」「このように」を用いてそれまでの考察をまとめます。

　　以上のことから，○○といえる。　　　このように○○だと結論づけられる。

レポート・論文のための表現力集中トレーニング

　レポート・論文の言葉遣いの確認はできましたか。それでは，まずレポート・論文らしい言葉遣いの練習をしましょう（ TRAINNING ①〜④ ）。次に，レポート・論文を論理的に書き進めるための引用文の書き方の練習をしましょう（ TRAINNING ⑤〜⑩ ）。なお，引用文の書き方のルールは，p.16〜17を参照してください。

TRAINNING ① レポート・論文に適した文体

　次に示すのは，ゼミ紹介をふりかえった報告です。
この情報をもとに，話し言葉を書き言葉に直し，常体の報告文を書きましょう。【参照 p.58】話し言葉・常体と敬体

> 　予想外の参加者で教室が混み過ぎちゃいました。アンケートには，よかってゆう意見がほとんどだったんすけど，卒業生の話も聞きたかったとか，話が長くて寝ちゃったって意見もあったんで，こんどやるときには参考になるかもです。
> 　来年の担当の人，よろしく！

TRAINNING ② 一文を短く簡潔に書く

　次に示すのは，ブラック企業に勤めたAさんの体験談です。この体験談の内容をレポートのなかで簡単に紹介するために，簡潔な表現の常体の文章にまとめ直してみましょう。
【参照 p.59】一文を短く

> Aさんの体験談
> 　私は平均すると月112時間くらいの残業で，朝9時に出勤して夜11時すぎまで働く毎日で，賃金は時給にすると770円程度で，固定残業代を抜いて考えると，最低支給額が12万3000円しかないことに，後で気づいて，でも，私は入社後の研修で，残業時間が80時間に満たないと給料がさらに引かれることを知って，内心驚いてひどいと思ったけど，我慢して働き続けて，結局，入社後3か月で体調を崩して，会社を辞めることになって…

スキルアップ編　61

TRAINNING ❸ わかりやすく伝える

次に示すのは、ブラック企業について書いたBさんの報告型レポートです。この内容をよりよいレポートの形に整えましょう。【参照：p.59】あいまい文・文のねじれ（主語と述語の対応・呼応の副詞）・同じ内容の繰り返し

ヒント ①の文章を主語と述語が正しく対応するように訂正しよう。②の文章を2通りの意味の文に書き分けてみよう。③の副詞が正しく呼応するように訂正しよう。④を同じ読みのまま、意味が通るように正しく訂正しよう。最後に全文を読んで、前の文とほぼ同じ内容が繰り返されている文に線を引こう

「ブラック企業」という言葉は、2000年代の中頃から使われ始めた。①IT企業に勤める若者がインターネット上の書き込みが発端だ。②彼らは正社員であるにも関わらず働き続けられないような厳しい労働環境の実情を訴えた。なぜならブラック企業の「正社員」は、ふつうの正社員と違い、短期間に使い潰されてしまうからだ。③たとえ正社員にも、体力や技術が衰えてくると退職しなくてはならなくなるので長く働き続けられない。

こうした状況は、IT企業だけでなく、長時間労働の④転調や、過酷なノルマを課された営業職にも広がっている。

TRAINNING ❹ 表記を整える

次に示すのはCさんのレポートの一部です。よりよいレポートの形に整えましょう。
【参照：p.59】表記の確認・外来語

ヒント ①②の外来語を日本語に書き直そう。③⑤の誤変換を訂正しよう。④⑥の形式名詞をひらがなに直そう。

『現代の若者とキャリアカウンセリング』には、カウンセリングと称した上司の①ハラスメントが②エスカレートし、若者が精神的に追い詰められていく様子が③称細に記されている。この④様な被害に遭った若者に寄り添い⑤試演していく取り組みが広がり継続してほしい⑥物だ。

TRAINNING ❺ 直接引用する

①次の文章を引用して，亀田あられ氏が述べていることを紹介しましょう。（短い引用）

> 大卒者で就職から3年未満で離職する者が3割いる。
> 　　　　　　　　　　　　　　　亀田あられ（2012）『大卒就職の問題点』 浪花出版　p. 56

②次の文章を引用して，亀田あられ氏が述べていることを紹介しましょう。（長い引用）

> 　大卒者で就職から3年未満で離職する者が3割いる。その原因は2つ考えられる。1つは大卒者の就職先の選択ミスである。これは自己分析と職場認識の甘さからくる。もう1つは，事業者側の新入社員に対する教育の不十分さである。これは規模が小さくて，新入社員の研修を行っていない事業者ほど離職者が多いことからわかる。
> 　　　　　　　　　　　　　　　亀田あられ（2012）『大卒就職の問題点』 浪花出版　p. 56

TRAINNING ❻ 間接引用する

次の2つの文献の書き抜きメモがあります。この2つを間接引用し，「本稿ではこの2つの意見の関係を考察するつもりだ」という旨を表現してみましょう。

メモ①

> 　大学卒業生と就職率の低下は，1990年代の大学進学率の急激な上昇と関連があるという指摘はかねてからあったが，その原因について大学生の質の低下が言われてきた。今回その「質」を学力と限定して，企業100社に依頼して入社試験の学力試験の結果をアンケートしたところ，1990年代と2010年代では基礎学力部分に変化があったことが明らかになった。つまり大卒者の基礎学力が大学進学率の急激な上昇にともなって低下しているということだ。(p. 25)
> 　　　　　　　　　　　　　　　　亀田あられ（2012）『大卒就職の問題点』 浪花出版

メモ②

> 　企業から内定がもらえないとは，どういうことか。一人の学生が10社受けて，10社から採用されないこともある。企業の人事部にインタビューを行ったところ，昨今の大学生は，イメージだけで企業を選び，仕事内容についての研究が足りないということだった。また自己肯定感が低く，自己分析のできない学生が採用から外れているということがわかった。学生の就職率を上げるためにはキャリア教育の中で企業研究のみならず，自己肯定感を向上させる支援を行う必要がある。(p. 123)
> 　　　　　　　　　　　　　　　　伝六豆蔵（2013）『就職のミスマッチとは何か』キムラヤ書房

スキルアップ編　63

①メモ①を一文で要約してみましょう。

②メモ②を一文で要約してみましょう。

③次のように間接引用で表現してみましょう。

　大卒生の就職率の低下の原因として亀田（　　　　）は，（　　　　　　　）を指摘している。
　また伝六（　　　　）は，（　　　　　　　）と述べている。
　そこで本稿は，大卒生の就職率の低下について，大学生の学力と自己肯定感の関係について考察していく。

TRAINNING 7　縦書きの文章を引用する

次の縦書きの文章を横書きに引用してみましょう。

多くの私立大学では一、二年対象に単位なしで「職業観育成ガイダンス」を開講し、三、四年対象に単位ありの「インターンシップ」や「就職能力育成講座」を用意している。
亀田一郎（二〇一一）『若者の就活を考える』ブルボン出版　三六ページ

ヒント
- 3行以内のときは「　　　」で引用する。
- 漢数字を算用数字に直してもよい。
- 「　」を『　』に直す。

TRAINNING 8　図を引用する

　右のグラフは，伝六豆蔵著『就職のミスマッチとは何か』の99ページに掲載された，A社の平成22年から平成25年までの離職者数（部署別）を示したものです。このグラフを図1として引用するときは，引用したグラフの下部には何と書けばよいでしょうか。なお，この書籍は2013年にキムラヤ書房が出版した本です。

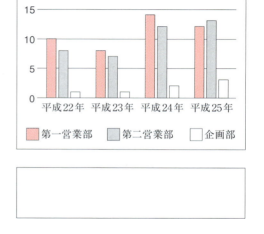

TRAINNING ❾ 引用を確認する

下記の文章のなかで,「大学生の就職率が下がっている原因には,進学率の上昇と大学生の質の低下との2つの要因が関係する」と主張しているのは誰でしょうか。答えを考えてみましょう。

> 大学生の就職率は年々下がってきている。その理由について,酒田(2010)は,大学進学率の上昇と就職率の低下との関連を指摘している。また,「大学生の質の低下が就職率の低下に与える影響は大きい」(伝六,2012)という意見もある。さらに,このような両者の意見を裏付ける越後(2013)の調査結果がある。この調査結果では,大学生の就職率の低下には2つの要因が関係することが指摘されている。そこで本稿では,就職率の低下の原因について,進学率の上昇と大学生の質の低下との2要因を取り上げて考察していく。

TRAINNING ❿ 引用を確認する

亀田あられ氏の論文から,亀田氏の意見を次のようにメモしました。(「」内は著者の言葉をそのままメモ)。そのメモを参考に下記のようなレポート文章を書きました。レポートとして適切な書き方かどうか判定してください。

メモ
- 大卒者の増加が昨今の就職難の背景にある。
- 「進学率の上昇がもたらす就職への影響を考える際には,2つの視点が重要となる。1つは大学生の増加の問題である。もう1つは大学生の質の低下である。」

レポート文章 A

文章	大卒者の増加が昨今の就職難の背景にある。進学率の上昇がもたらす就職への影響を考える際には,2つの視点が重要となる。1つは大学生の増加の問題である。もう1つは大学生の質の低下である。
判定	□適切　　　□不適切
理由	

レポート文章 B

文章	大卒者の増加が昨今の就職難の背景にある。進学率の上昇がもたらす就職への影響には,大学生の増加の問題と大学生の質の低下を考えなくてはならない。
判定	□適切　　　□不適切
理由	

レポート文章 C

文章	亀田(2012)は,大卒者の増加が昨今の就職難の背景にあると述べている。こういった大学進学率上昇の影響を考える際には,大学生の増加の問題と質の低下という2つの視点が重要であるという。
判定	□適切　　　□不適切
理由	

資料④ レポート・論文の表現

> **アドバイス**
> 文末は統一しましょう。
> 常体（だ・である）と敬体（です・ます）を混在させてはいけません。
> 「～なのである」や「～なのだ」も避けましょう。

◀1▶ 話し言葉でなく書き言葉を使おう

		話し言葉	書き言葉	
文末		～です・ます	～だ	～である
		～でしょう	～だろう	～であろう
		～じゃない	～でない	～ではない
		～になっちゃう	～になってしまう	
		～みたい	～のようだ	
		～といってる	～と述べている	
程度の副詞		いっぱい	多数	大量に
		すごく	非常に	
		とっても	きわめて	
		超	大変	
		ちょっと	やや	少し
疑問語		なんで	なぜ	
		どういう	どのような	
接続語		なので	そのため	それで
		だから	それゆえ	
		だけど	だが	
		でも	しかし	
		やっぱ	やはり	
		話はかわるが	ところで	
形容詞 形容動詞		いい	良い	
		いっぱい	多くの	
		いろいろな	様々な・多様な	
		でかい	大きい	
動詞		いう	述べる	
		考える	考察する	
		決める	決定する	
		違う	異なる	
		撮る	撮影する	
		もれる	漏洩する	
		やる	実行する	

> **アドバイス**
> レポートの文末は，少しクールかと思うくらいで大丈夫です。
> レポートの場合は，表現を大げさに強調すると信ぴょう性も評価も下がるので注意しましょう。

◀2▶ 接続語の使い方

働き	種類	接続語	
並べる	順接	すると	それで
	累加	そして	しかも
	逆接	しかし・だが	にもかかわらず
	並列	また	かつ
	対比	それに対して	一方
	選択	あるいは	それとも
	話題転換	ところで	さて
説明する	根拠が前	したがって	それゆえに
	根拠が後	なぜなら	というのも
	条件づけ	ただし	ちなみに
	例示	たとえば	
まとめる	換言	つまり	すなわち
	要約	要するに	

> **アドバイス**
> 換言とは，別の表現で言い換えることです。

◀3▶ レポート・論文でよく使われる定型表現

下表の「表現パターン」の ～ の部分に自分の言葉を入れて表現してみましょう。

例 本稿では，論文執筆におけるコピー＆ペーストの問題 を考察する。

位置	用法	表現パターン	
序論	前提	～ は	～ である。
		一般に	～ といわれている。 ～ は広く知られている。
		近年	～ といわれている。 ～ が問題になっている。
	先行研究	～（人名）～ は	～ とする。 ～ と述べている。 ～ と分析する。 ～ と結論づけている。
	研究のきっかけ	～ については	～ の研究が十分でない。 ～ と言及されている。 ～ にとどまっている。 ～ が明らかでない。 ～ に問題がある。
		果たして 本当に	～ なのだろうか。
	研究の目的	本稿では このレポートでは	～ に関して調査した。 ～ を考察する。
		本稿の目的は	～ することである。 ～ を検討することである。 ～ を考察することである。
本論	方法の提示	本稿では このレポートでは	～ のルールに則して考察した。 ～ の実験に即して考察した。 ～ の基準に沿って考察した。 ～ という問題を取り上げる。
	引用	（人名）は （書名論文名）には （人名）によると ～ の定義によると	～ と述べる。 ～ と指摘する。 ～ とある。 ～ とのことである。
	解釈	ここから	～ がわかる。 ～ がうかがえる。
		これは	～ ということを意味している。 ～ ということを示している。
		以上のことから ～ の結果から	～ が判明した。 ～ という見方ができる。 ～ という結論が導きだせる。 ～ といえる。
結論	まとめ	本稿では このレポートでは 以上のことから	～ について検証した。 ～ について考察した。 ～ が立証された。 ～ と評価できる。
	課題	今後の課題として こうしたことから	～ が残されている。 ～ の可能性が否定できない。 ～ の可能性が示唆された。

論文を書く意義

　レポート・論文と一言でいっても，さまざまな種類があることは勉強しました。少し復習して，その意義を確認しておきましょう。

報告型レポート：ある課題に関する報告をするレポート（実習結果レポート，観察レポートなど） 他人にわかりやすく伝える力がつく。

ブックレポート：課題図書を要約したり批判的な考察したりした結果を書くレポート 本を読み考える力がつく。他のレポート執筆の練習になる。

論文：あるテーマに関する問いをつくり，自分なりの考察結果を書くレポート

　このなかでも最もむずかしいものが，論文です。これはテーマが決まっているだけでは書けません。たとえば「環境問題について」というテーマから，「環境問題の何を問題とするのか」「どのような論点で調べを進めていくのか」「自分なりの問いとしては何があるのか」などの問いをつくる必要があります。

　論文を書くことは，つねに問い続ける力や，つねに考え続ける力が必要になります。つまり，論文を書くことで，ものごとに対する問いのもち方，問いのもち続け方，考え方，ものの見方まで勉強できるのです。こういった能力は生きていくためにも必要なものです。それが身につけられることが，論文を書くことの最大の意義です。論文執筆には，単に「課題をこなす」という意識ではなく，取り組んでほしいと思います。

　体当たりで論文に取り組んでも失敗する危険性があります。でも安心してください。論文を書くためには基本的なプロセスがあります。まずは，そのプロセスをしっかりと把握して，必要な能力を磨きながら，論文を書く練習をしましょう。論文を書くための思考回路ができてくると，論文を書くための試行錯誤さえ楽しくなるかもしれません。そのときに，論文を書く本当の意義がわかるかもしれません。

スキルアップ…編

論文を書いてみよう

論文の課題では「あるテーマについて自分なりに考察したことを書きなさい」と指示されることが多いようです。教員が示したテーマについての自分なりのリサーチ・クエスチョンをつくり，複数の書籍や論文をもとに答えを見つけて，最終的に論文を仕上げなくてはなりません。そのためには，テーマから論点を絞る力である「課題発見力」「情報探索力」「情報整理力」などの情報を扱う力，「課題考察力」「論文構成力」「文章構成力」などの深く考える力，さらにきちんと仕上げて提出までのプロセスを管理する自己管理力が求められます。

そこで，スキルアップ編では，基本スキル編で培った力を基礎に，与えられたテーマから自らの問いを立て，論文を仕上げるまでのプロセスを学びます。最終的に4,000字から5,000字程度の論文が書けるようにめざします。

「就職」について，考察したことを4,000字程度で書いてみよう。

「就職」の何を書いたらいいのだろう？自分なりの考察って何だろう？

Work

1
2
3
4
5
6
7
8
9

課題発見力
- 10 下調べをして自分の問題意識を持とう
- 11 論点を考えてみよう
- 12 論点を絞って探索の方針を決めよう

情報探索力
- 13 情報を入手しよう
- 14 文献を入手しよう

情報整理力
- 15 文献を取捨選択しよう
- 16 文献を整理保存しよう

課題考察力
- 17 考察を深めよう

論文構成力
- 18 論文の骨子をつくろう

文章構成力
- 19 執筆しよう
- 20 章立てて確立し，文章を推敲しよう

21

Work 10 課題発見力をつけよう①
～下調べをして自分の問題意識を持とう～

身につけるスキル
▶下調べができる
▶自分の問題意識が持てる

Activity
❶ 課題を確認しよう
❷ 下調べをしてみよう

　このWorkは，論文作成作業のいわば準備運動です。まず，出された課題のテーマ，発表形式，期限を確認しましょう。次に，テーマに関する事柄の概要をつかむために，軽く調べてみます。課題に関する大まかな知識をインプットしながら，下調べで気になった言葉をメモして，自分の興味関心がどこにあるか探っていきましょう。

1　課題を確認しよう

　出された課題のテーマ，論文の文字数や枚数などの形式，提出期限や提出場所などを確認しましょう。論文の課題内容をここでしっかりと把握し，どのような論文が求められているか把握しましょう。
　現時点でわかっている条件はすべて書いておきましょう。

Work sheet

Download W1001

課題を確認するワークシート

課題内容	就職に関する問題について，何か取り上げて論ぜよ。
課題形式	
提出期限	
提出場所	
その他メモ	

※Work10からWork20までは，上記の課題内容「就職に関する問題について，何か取り上げて論ぜよ」を例に論文執筆を進めます。

2 下調べをしてみよう

◀1▶ マンダラートを使って自分が持っている知識を確認する

課題で出されたテーマについて、自分がどのくらい知識があるか確認してみましょう。この Work ではマンダラートを使います。

①図の真んなかに、課題で出されたテーマを書きます。
②まわりの8つのマスに、そのテーマから思いついたことを書きます。

エントリーシートの書き方	就職難	就職氷河期
就職活動	就職に関する問題	キャリアセンター
雇用問題	労働政策	キャリアガイダンス

③マスがすべて埋まらない場合は、テーマに関する知識が不足していると考えられます。資料を使って下調べをして、8つのマスを必ず埋めましょう。

◀2▶ マンダラートをさらに展開してみる

すべてのマスが埋まったら、8つのマスのなかでいちばん興味があるものを、新たに真んなかに書いたマンダラートをつくります。同じように、真んなかに書いたことについて、思いついたことをまわりの8つのマスに書きます。この作業を繰り返し、下調べをしていくなかで、自分の基礎的な知識が増えていきます。

最終的に、もっとも気になる言葉を決めて、今後のキーワードとしましょう。

	終身雇用	中途採用
	雇用問題	就労支援
		大卒者の雇用問題

スキルアップ編

Work 10

📱情報リテラシー

テーマによってはWikipediaも参考になります。ごく最近起こったこと，特定の地域などで流行していること，サブカルチャー的なことなどの，まだ本や事典に載っていないようなテーマについて概要を知りたいときには役に立ちます。

ただし，下調べには使えても，本格的な調査には使えません。まだ学問上の信頼性を勝ち得た資料とは見なされていないからです。

✓ Check!

下調べに適した資料のチェックシート

下調べで使った資料にチェックしてみましょう。できるだけ多様な資料にあたってみることが重要です。

資料の種類	具体例	チェック
辞書	広辞苑	
百科事典	日本大百科全書	
事典	社会学事典・日本まちづくり事典	
テーマに関する本の目次		
インターネット辞書	goo辞書	
インターネット事典	Wikipedia	
データーベース	新書マップ	

📱情報リテラシー

「新書マップ～テーマで探す新書ガイド～」とは，これは，あるテーマで新書を探すためのサイトです。言葉や文章で検索すると，関連するテーマが10個表示されます。表示されたテーマをクリックすると，関連する新書が本棚に並んでいるように表示されます。さらに，新書をクリックすると，内容と目次が表示されます。p. 84も参照しましょう。

下調べをしながら気になるキーワードを見つけたら，マンダラートのマスを埋めるだけでなく，メモもしておきましょう。そのつどキーワードを見つけた情報源や出典も書いておくと，後できっと役に立ちます。

Work sheet 気になるキーワードをあげるワークシート

キーワード	調べた情報源・出典 ＊本や雑誌ならタイトル，インターネットならURLを記入する
就労支援	若者と自立支援
エントリーシート	ザ就活！ http://www.syukatu.com/
大卒者の雇用問題	若者の「就活」を考える（ブルボン出版）

Worksheet マンダラートのワークシート

最初のシート

① 真んなかのマスに課題で出されたテーマを書きましょう。
② そのまわりの8つのマスを，思いついた言葉で埋めましょう。

展開のためのシート

① 最初のシートの8つのマスのなかでいちばん興味があることばを，真んなかのマスに書きましょう。
② そのまわりの8つのマスを，思いついた言葉で埋めましょう。

③ シートに書いた言葉のなかで，もっとも気になるものを，今後のキーワードとして，書き抜きましょう。

Work 11

課題発見力をつけよう② 〜論点を考えてみよう〜

身につけるスキル
▶論点を考えることができる
▶論点を膨らますことができる

Activity
❶ 論点を考えてみよう
❷ 論点を膨らましてみよう

　テーマに関するキーワードがいくつか見えてきましたか？ 選んだキーワードをもとに5W1Hの論点でリサーチ・クエスチョンをつくってみましょう。さらに複雑な論点で発想を広げてみましょう。自分がこの論文で明らかにしたいことは何かを明確にしていきます。

1 論点を考えてみよう

　論点には，簡単なものから複雑なものまでさまざまなレベルがあります。まずは，5W1H（いつ，どこ，だれ，なに，どのように，なぜ）の論点でキーワードに関するリサーチ・クエスチョンを考えてみましょう。

例 5W1Hの論点で考えたリサーチ・クエスチョン
選んだキーワード：[雇用問題]

5W1H	リサーチ・クエスチョン
いつ When	大卒者の雇用問題が話題になり始めたのは，いつごろからか？
どこ Where	日本以外で，大卒者の雇用問題が顕著なのはどこか？
だれ Who	雇用問題を抱える大卒者とはどのような人か？
なに What	「雇用問題」とは何か？
どのように どれくらい How to How much(many)	大卒者の就労支援はどのように行われているか？ 就労支援を受けるべき大卒者はどれくらいいるのか？
なぜ Why	なぜ大卒者の就労は難しくなったのか？

Work sheet 5W1Hの論点でキーワードに関するリサーチ・クエスチョンを考えてみましょう。

＊5W1Hの論点にあてはまらないリサーチ・クエスチョンを思いついたら,「その他」に書きます。

選んだキーワード：[　　　　　　　　　　　　]

5W1H	リサーチ・クエスチョン
いつ When	
どこ Where	
だれ Who	
なに What	
どのように どれくらい How to How much（many）	
なぜ Why	
その他	

　発散型思考をあらわすマップの形で疑問文をつくる場合もあります。5W1Hの疑問を基本に思いつくままに書いていきます。

アドバイス
　発散型思考については, p. 39を参考にしましょう。

スキルアップ編　75

Work 11

> **! ポイント**
> 思考の深まりとともに、キーワードが絞られて変化していくことが望ましいのですが、5W1Hのワークと同じキーワードで考えてもかまいません。

② 論点を膨らましてみよう

5W1Hで考えたリサーチ・クエスチョンを踏まえて、少し複雑な論点でリサーチ・クエスチョンを考えてみましょう。

次の例は、「雇用問題」というキーワードからテーマの範囲を少し絞り、「大卒者の雇用問題」に変更して、リサーチ・クエスチョンを考えたものです。さらに、特に興味があるものにはチェックを入れています。

例 多様な論点で考えた「大卒者の雇用問題」に関するリサーチ・クエスチョン

☐ **信ぴょう性**
本当に？

リサーチ・クエスチョン例：
大卒者の雇用状況は本当に悪化しているのか？

☐ **定義**
どういう意味？

リサーチ・クエスチョン例：
「雇用」とは何か？「雇用問題」とは何か？

☐ **時間**
いつから？
いつまで？

リサーチ・クエスチョン例：
大卒者の雇用問題が話題になり始めたのはいつごろからか？

☐ **空間**
どこで？

リサーチ・クエスチョン例：
日本以外で、大卒者の「雇用問題」が顕著な国はどこか？

☐ **主体**
だれ？ だれが？
だれの？
だれにとって？

リサーチ・クエスチョン例：
雇用問題を抱える大卒者の傾向とは？

☐ **経緯**
これまでどのように？

リサーチ・クエスチョン例：
大卒者の「雇用問題」に政府はどのように取り組んできたか？

☑ **状況**
どのような？

リサーチ・クエスチョン例：
大卒者の就労支援はどのように行われているか？

☐ **方法**
どうやって？

リサーチ・クエスチョン例：
就労している大卒者はどうやって職を得たのか？

☐ **因果**
なぜ？

リサーチ・クエスチョン例：
なぜ大卒者の就労が困難になったのか？

☐ **比較**
他ではどうか？

リサーチ・クエスチョン例：
地域によって大卒者の雇用状況に違いはあるか？
30年前と現在ではどう違うか？

☐ **限定**
すべてそうなのか？

リサーチ・クエスチョン例：
すべての大学生が雇用問題に直面しているのか？

☐ **解決法**
どうすべきか？

リサーチ・クエスチョン例：
大卒者の就労支援に大学はどのように取り組むべきか？

> **アドバイス**
> 右の論点については、下記の書籍を参考にしています。
> 【参考文献】
> 戸田山和久（2012）『新版 論文の教室』NHK出版

> **アドバイス**
> さまざまな論点を出すヒントとして、「オズボーンの9つのチェックリスト」や「PICO（ピコ）」のような考え方も参考になります。
> 【参考文献】
> オズボーン，アレックス（2008）『創造力を生かす：アイディアを得る38の方法』豊田昇訳，創元社
> 北澤京子（2009）『患者のための医療情報収集ガイド』筑摩書房

> **アドバイス**
> 多様な論点でリサーチ・クエスチョンをつくったら、友だちや教員に見せて意見をもらいましょう。

Worksheet

多様な論点でキーワードに関するリサーチ・クエスチョンを考えましょう。そのなかでも特に興味があるものには，チェックを入れましょう。

キーワード：[　　　　　　　　　　　　　　　　　　　　　]

- ☐ 信ぴょう性
  本当に？

- ☐ 定義
  どういう意味？

- ☐ 時間
  いつから？　いつまで？

- ☐ 空間
  どこで？

- ☐ 主体
  だれ？　だれが？
  だれの？
  だれにとって？

- ☐ 経緯
  これまでどのように？

- ☐ 状況
  どのような？

- ☐ 方法
  どうやって？

- ☐ 因果
  なぜ？

- ☐ 比較
  他ではどうか？

- ☐ 限定
  すべてそうなのか？

- ☐ 解決法
  どうすべきか？

アドバイス

この Worksheet は，それぞれの論点を切り離して，カードの形式で使うこともできます。グループ学習やアクティブ・ラーニングなどの際に，楽しみながら疑問を持つことができます。ぜひ試してみましょう。

Work 12

課題発見力をつけよう③
～論点を絞って探索の方針を決めよう～

身につけるスキル
▶論点が絞れる
▶効率のよい検索のためのキーワードを探せる
▶調べる方針を他人に伝えられる

Activity
❶ リサーチ・クエスチョンを絞り，興味を持った理由を書こう
❷ どのような答えが得られそうか，仮説を立てよう
❸ 調べるためのキーワードをつくろう
❹ 調べる方針を発表しあおう

　効率のよい文献探索のためには，探索の方針を立てることが重要です。また，リサーチ・クエスチョンと想定される答えの妥当性を考えるためにも，この時点でテーマと情報探索方針について発表して，違った視点からのコメントをもらいましょう。

1　リサーチ・クエスチョンを絞り，興味を持った理由を書こう

　自分で考えたリサーチ・クエスチョンを，特に興味があるもの2つか3つに絞ってみましょう。そして，なぜ興味を持ったのか理由も書いておきましょう。

例

リサーチ・クエスチョン	大卒者の就労支援はどのように行われているか？
興味を持った理由	「就職支援」と「就労支援」には，「就職するための支援」と「働き続けるための支援」という違いがあると耳にした。近年，就職してもすぐに辞めてしまう人も多いらしい。就職して働き続けていくためには，大卒者に対してどこでどのような支援が行なわれているのか知りたいと思った。

Work sheet　リサーチ・クエスチョンを絞り，興味を持った理由を書きましょう。

Download W1201

リサーチ・クエスチョン	
興味を持った理由	

❷ どのような答えが得られそうか予想してみよう（仮説を立てよう）

　自分で考えたリサーチ・クエスチョンにどのような答えが得られそうかを予想してみましょう。予想する答えは，これから調べていくための指針となります。この時点では，さまざまな予想が出てきます。すべて書いておいてください。

　次に，予想した答えにたどり着くために，あらかじめ調べておかないといけない事項を書き出しておきましょう。

例

リサーチ・クエスチョン	大卒者の就労支援はどのように行われているか？

答えの予想	・ハローワークで行われているかもしれない。 ・卒業しても出身大学で行われているかもしれない。 ・大卒者の就労支援は行われていないかもしれない。 ・就職支援と就労支援は違うのかもしれない。 ・支援が行われているかどうかではなく，大卒者の就職への意識が就労支援の根本的な問題かもしれない。

調べておくべき事項	・ハローワークは誰に何をしているのか？ ・大学生，大卒者はハローワークを知っているのか？ ・大学では卒業生に就労支援をするのか？ ・就職支援の意味？就労支援の意味？ ・大学生や大卒者などの若者は，就職についてどのような意識を持っているのか？

Work sheet
リサーチ・クエスチョンの答えを予想し，調べるべきことを書き出しましょう。

リサーチ・クエスチョン	

答えの予想	

調べておくべき事項	

Work 12

③ 調べるためのキーワードをつくろう

いちばん興味があるリサーチ・クエスチョンを中心に置いて，そのまわりを調べたり，検索したりするためのキーワードを書いてみましょう。今後はそれらのキーワードをもとに調べを進めていくことになります。

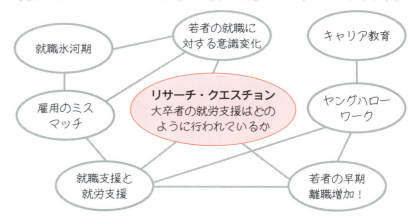

Worksheet いちばん興味があるリサーチ・クエスチョンと，それを明らかにするための検索に必要なキーワードを書きましょう。

4 調べる方針を発表しあおう

これまで，課題の下調べをして，論点を絞りながら自分のリサーチ・クエスチョンをつくりました。次に，答えを予想して調べるべき事項を洗い出しました。さらに，調べるべき事項をキーワードとしてあげてみました。そこで，本格的な調査を始める前に，これまでの自分の考えをまとめて，他の学生に発表してコメントをもらいましょう。調べる方針がより明確になります。

例　発表文章

　私は，就職に関する問題の中で，大卒者の就労支援がどのように行われているかについて疑問を持ちました。〔課題／リサーチ・クエスチョン〕

　なぜなら，就職支援と就労支援には，就職するための支援と働き続けるための支援という違いがあると耳にしたからです。近年では，就職してもすぐにやめてしまう人も多いようです。就職して働き続けるためには，大卒者に対してどこでどのような支援が行われているか知りたいと考えました。〔興味を持った理由〕

　おそらく，ハローワークなどで就労支援が行われていたり，出身大学でも卒業生に支援していたりするかもしれないとも考えました。しかし，このような支援が行われていることを知らなかったり，就職への意識が低かったりなど若者自身の意識の問題が根底にあるのかもしれません。〔予想される答え〕

　そこで，ハローワーク，大学のキャリア教育，若者の就職への意識などをキーワードとして調べを進めていきたいと思います。〔調査キーワード〕

Work sheet

自分の調査方針をまとめた発表文案をつくりましょう。

テーマ	
リサーチ・クエスチョン	
興味を持った理由	
予想される答え	
調査キーワード	

Work 13

情報探索力をつけよう①
～情報を入手しよう～

身につけるスキル
▶情報探索の基本的な方法を確認する
▶検索エンジンが使いこなせる
▶レポート・論文のために有用なWebサイトを知る

Activity
❶ 目的別にインターネットの検索方法が違うことを理解しよう
❷ 検索エンジンを使いこなそう
❸ レポート・論文のために有用なWebサイトを活用しよう

　情報を探索するためには，インターネットから始めることが一般的になっています。GoogleやYahoo! JAPANなどの「検索エンジン」は便利ですが，レポート・論文に必要な情報はそれだけでは手に入りません。ここでは，インターネットで情報を得るために，検索エンジンの他にどのような手段があるのか確認してみましょう。

1　目的別にインターネットの検索方法が違うことを理解しよう

　インターネットで検索するといっても，どんな情報がほしいかによって，使うWebサイトはさまざまです。検索エンジンと「**データベース**」の違いを確認してみましょう。

アドバイス
図書，雑誌論文の入手についてはWork14で解説します。

キーワード
データベース：コンピューターで，関連しあうデータを収集・整理して，検索や更新を効率化したファイルのこと。書誌情報から検索するものと，全文から検索できるものがあります。

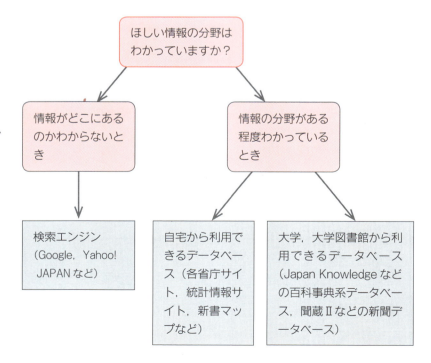

❷ 検索エンジンを使いこなそう

GoogleやYahoo! JAPANなどの検索エンジンには，高度な検索にも対応できるように検索オプションが用意されています。検索オプションページから検索するか，検索窓に指定された検索語を追加して検索します。キーワードの組み合わせだけでは対応できない高度な検索ができます。

たとえば次のような方法があります。

◀1▶ 検索対象サイトを限定する

インターネットの住所でもある「**ドメイン**」を限定して検索できます。たとえば，政府機関のサイト内だけを検索したい場合は，政府機関サイトのドメインである「.go.jp/」を指定して検索します。

検索窓への入力例　　就職支援　site：go.jp/

◀2▶ ファイルタイプを限定する

インターネット上には，WordやExcelでつくられた資料も存在しています。また，PDFで提供されている資料のなかには，紙媒体でも出版されているものもあります。「**ファイルタイプ**」を限定して検索することが資料収集に役立つときがあります。

検索窓への入力例　　就職支援　filetype：pdf

◀3▶ フレーズで検索する

検索は単語の組み合わせで検索することが基本ですが，どうしてもフレーズで検索したいときは二重引用符で囲みます。キャッチフレーズなどを検索したいときは便利です。

検索窓への入力例　　"ひと，くらし，みらいのために"

◀4▶ ファイル更新期間を限定する

そのほかにも，ファイル更新期間を24時間以内，1週間以内，1か月以内，1年以内などに限定することで，最新の情報を入手したり，期間を指定して検索することができます。

Training

Googleの検索オプションを使って，次の情報を調べてみましょう。何件あるのか，どのような内容かを確認しましょう。

課題：「1年以内に『就職支援』について政府機関サイトで扱われた情報」を入手する。

🔑 キーワード

ドメイン：インターネット上にあるコンピュータやネットワークを識別するための体系。たとえば下記のような種類がある。

- ac.jp…大学，大学共同機関等
- go.jp…日本の政府機関，独立行政法人等
- or.jp…財団法人，特殊法人等・国連等の国際的な公的機関の日本支部
- ed.jp…幼稚園，小学校，中学校等
- ne.jp…日本国内のネットワークサービス（提供者が提供）

🔑 キーワード

ファイルタイプ：ファイルの形式。ファイル名の後につけられた名前（拡張子）で識別します。

- Adobe Acrobat PDF（.pdf）
- Adobe PostScript（.ps）
- Autodesk DWF（.dwf）
- Google Earth KML（.kml）
- Google Earth KMZ（.kmz）
- Microsoft Excel(.xls)(.xlsx)
- Microsoft PowerPoint(.ppt)(.pptx)
- Microsoft Word（.doc）（.docx）など

Work 13

3 レポート・論文作成のために有用なWebサイトを活用しよう

◀1▶ 自宅でも使えるデータベースを活用しよう

レポート・論文を書くときに有用なWebサイトがあります。やみくもに検索エンジンにキーワードを入れるだけが検索ではありません。有用なWebサイトをあらかじめ「お気に入り」に入れておいて活用しましょう。

ここでは，統計データが必要なときや，白書や新書などが読みたいときに有用なWebサイトを紹介します。

①統計データがほしい

総務省統計局サイトには，さまざまな統計データがそろっています。また，民間で提供しているデータバンクもあります。自分が専門とする分野の統計データサイトを調査しておくとよいでしょう。

総務省統計局（http://www.stat.go.jp/）

②白書が読みたい

首相官邸サイトに，各省庁が出している「**白書**」へのリンク集があります。

[総務省]	▶地方財政白書 ▶情報通信白書	[文科省]	▶科学技術白書
[法務省]	▶犯罪白書	[厚労省]	▶厚生労働白書
[外務省]	▶外交青書	[経産省]	▶ものづくり白書 ▶通商白書 ▶エネルギー白書

首相官邸：白書（http://www.kantei.go.jp/jp/hakusyo/2012/index.html）

③新書が読みたい

新書マップは，思いついたキーワードを入力すると，数ある「**新書**」のなかから関連するものを提示してくれるWebサイトです。連想検索機能つきなので，キーワードを絞らなくても検索できます。

新書マップ（http://shinshomap.info/search.php）

🔑 **キーワード**
白書：政府の各省庁が発行する年次報告書のことです。

🔑 **キーワード**
新書：173×105mmの大きさ（新書版）で，新しい知識の解説が中心の書籍。大学ではレポート・論文の課題図書になることも多くあります。

Training
レポート・論文に有用なWebサイトを探して「お気に入り」に保存しておきましょう。

Download W1302

④不明な用語を調べたい

　コトバンクは，複数の辞書から一括して用語を検索できるサービスです。用語の信頼性も高く，情報は随時更新されています。用語解説だけではなく，関連するニュース記事や関連するWebサイトなどの情報も表示されます。

　コトバンク (http://kotobank.jp/)

◀2▶大学図書館で使えるデータベースを活用しよう

　多くの大学図書館には，契約者だけが使えるデータベースがあります。これらのデータベースを活用することで，より信頼性の高い，確実な情報を得ることができます。

①ジャパンナレッジ（JapanKnowledge）

　複数の辞書・事典から一括して用語を検索できます。収録されている百科事典，辞書，事典のコンテンツ量が多く，情報も随時更新されています。用語解説だけではなく，関連する雑誌記事や関連するWebサイトなどの情報も表示されます。

②聞蔵Ⅱビジュアル

　朝日新聞社の新聞記事データベース。朝日新聞（1985～），週刊朝日，AERAなどが検索できます。大学がオプション契約をしている場合には，さらに古い時代の紙面を閲覧することも可能です。

③毎索

　毎日新聞社の新聞記事データベース。1872年の記事から検索できます。毎日新聞のほか，週刊経済誌エコノミストの記事も一括検索できます。「毎日ヨロンサーチ」で，毎日新聞が実施してきた世論調査を検索可能です。レポート・論文などで世論調査の結果を活用したい人は，ぜひ活用しましょう。

④ヨミダス歴史館

　読売新聞社の新聞記事データベース。1874年からの記事のほか，The Japan News，現代人名録などのコンテンツからも検索できます。該当記事に赤ピンが立つなど，紙面から必要な情報を探しやすい工夫がなされています。

> **アドバイス**
> 　新聞記事データベースでは，キーワード検索のほか，発行日，面名での検索ができます。テキストだけではなく，紙面イメージをPDFファイルで読むことも可能な場合があります。

Training　自分の大学がどのようなデータベースと契約しているのか，確認しておきましょう

スキルアップ編　85

Work 14

情報探索力をつけよう② 〜文献を入手しよう〜

身につけるスキル
▶ 文献が入手できる
▶ 大学図書館の活用方法を知る

Activity
❶ 文献を入手しよう
❷ 大学図書館を活用しよう

文献はインターネットからだけでは入手できません。大学図書館を通じて実際に入手しましょう。自分の大学図書館で所蔵していない文献に関しては，他の図書館を利用することになります。

> **アドバイス**
> 入手したい文献リストのつくり方や整理方法は，p. 94を参照してください。

1 文献を入手しよう

検索しただけでは，文献は入手できません。大学図書館を通して，実際に文献を入手してみましょう。入手したい文献リストを作成しておくと便利です。資料の入手には，以下のような方法が考えられます。

> **アドバイス**
> 大学図書館が新聞記事データベースと契約していない場合でも，新聞縮刷版が利用できます。新聞縮刷版がない場合には，図書の入手と同じように，他図書館から取り寄せてもらいましょう。

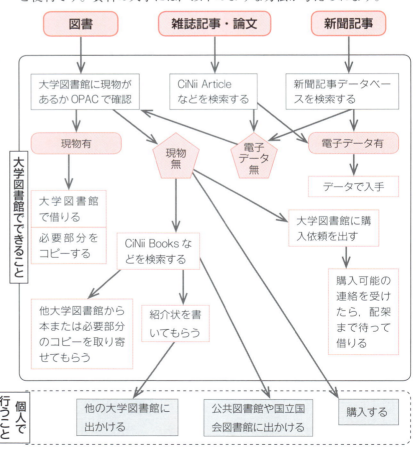

◀1▶ インターネット上に公開されている雑誌論文を入手する

雑誌論文のなかには，PDF化してインターネット上で公開されており，かつては入手困難だったものが手軽に入手できるようになりました。下記のデータベースでは，一部の資料をPDF化して公開しています。上手に活用しましょう。

① CiNii Articles で論文を探す

日本の論文のほとんどが検索できます。本文のPDFが無料で入手できるものと，有料で入手できるものがあります。有料扱いの本文を無料で入手できる機関定額制を大学が契約していることもあるので，確かめてみましょう

②国立国会図書館の雑誌記事索引を使う

「**国立国会図書館**」で所蔵，索引登録されている雑誌記事を探すことができます。

③ Google Scholar を使う

分野や発行元を問わず，学術出版社，専門学会，大学その他の学術団体の学術専門誌，論文，書籍，要約，記事など，膨大な学術資料を入手できます。

④その他のデータベースを使う

大学によっては，専門分野の論文を検索できるデータベースや，海外の論文を入手できるデータベースと契約している場合があります。

なお，上記の論文検索データベースを利用する場合，本文がPDFで公開されている論文だけを入手すればよいわけではありません。検索した結果，PDFで公開されていない論文は，その論文が収録されている雑誌の現物を入手する必要があります。収録雑誌名，巻号，ページ数をメモして，大学図書館OPACで検索し，現物を入手しましょう。

Training

CiNii Articles や国立国会図書館検索で「就職支援」と入力してみましょう。どのような文献が検索できるのか確認しましょう。

Download W1401

情報リテラシー

PDFとは，Portable Document Format の略語。Adobe System 社によって開発された，電子文書のためのフォーマット。パソコンの機種や環境によらず，元の文書を印刷したときとほぼ同じ体裁になるため，スムーズな情報交換ができます。

キーワード

国立国会図書館：日本最大規模の国立の図書館。日本で発行された書籍や雑誌はすべて収集保存しています。

ポイント

入手が簡単だからといって，PDF化され公開されている論文だけを使ってレポート・論文を書いてはいけません。得られる情報が偏ってしまいます。

Work 14

◀2▶ 大学図書館に所蔵されている図書，雑誌論文を入手する

　大学図書館に所蔵されている文献を入手するためには，大学図書館OPAC：Online Public Access Catalog（オンライン閲覧目録）を利用します。OPACは，コンピュータ上で図書館の蔵書を検索できるシステムです。大学によっては，大学構内からだけではなく，自宅から検索できることもあります。

例 検索画面

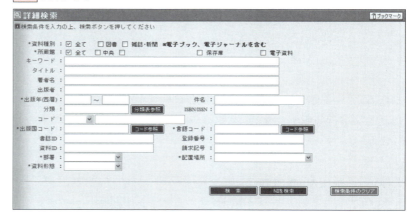

◀3▶ 他の大学図書館，公共図書館に所蔵されている図書，雑誌論文を入手する

　大学図書館OPACで検索した結果，その図書や雑誌がなかったからといって，すぐにあきらめてしまったり，自分で購入したりする必要はありません。

　CiNii Booksやカーリルなど，複数の図書館の蔵書を横断して検索できるサービスを活用し，その図書，雑誌が他の図書館に所蔵されていないかどうかを確認しましょう。もし他の大学図書館に所蔵されていることがわかったら，大学図書館の司書に相談し，本を取り寄せてもらったり，必要部分のコピーを取り寄せてもらったりしましょう（有料）。

　また，近隣の大学図書館に必要な文献がある場合には紹介状を書いてもらい，自分で出向いて調べることができます。大学によっては，ある特定の大学と相互協力協定を結び，複数の大学の蔵書を検索できるだけではなく，簡単に貸出しできることもあります。どちらも，自分の必要とする資料がはっきりとしてから依頼しましょう。

アドバイス

　OPACの検索画面，検索結果の表示は，図書館が利用しているシステムにより異なります。自分の大学図書館OPACの利用法については，図書館利用案内をよく読んだり，利用講習会に出たりして，きちんと身につけておきましょう。

情報リテラシー

　カーリルとは，全国の図書館の蔵書情報と貸し出し状況を簡単に検索できるサービス。地名を選択すると，その場所から近い図書館を自動的に選択してくれるので，自分が利用しやすい図書館で，すぐに本を借りることができます。

❷ 大学図書館を活用しよう

　OPACで検索できても，大学図書館のしくみを知らなければ，文献を入手することは困難です。ここでは，大学図書館の便利な活用方法について知りましょう。

◀1▶ 配架のしくみ

　図書館の本を配架する方法には，さまざまな分類法があります。日本では，日本十進分類法（通称「**NDC**」）で分類されることが多いようです。NDCによる分類記号はラベルに記入され，その順番で書架に並べられています。同じ主題の本や，似たような主題の図書が近くにあるので，書架に行ったら，自分がほしいと思った本だけではなく，周辺にある本も手に取ってみましょう。

← NDCの分類記号
← 図書記号（著者の頭文字のことが多い）
← 巻冊記号（巻・号）

日本十進分類法（NDC）

000 総記	100 哲学	200 歴史	300 社会科学	400 自然科学
010 図書館	110 哲学各論	210 日本史	310 政治	410 数学
020 図書・書誌学	120 東洋思想	220 アジア史・東洋史	320 法律	420 物理学
030 百科事典	130 西洋思想	230 ヨーロッパ史・西洋史	330 経済	430 化学
040 一般論文集・講演集	140 心理学	240 アフリカ史	340 財政	440 天文学・宇宙科学
050 逐次刊行物・年鑑	150 倫理学	250 北アメリカ史	350 統計	450 地球科学・地学・地質学
060 学会・団体・研究調査機関	160 宗教	260 南アメリカ史	360 社会	460 生物科学・一般生物学
070 ジャーナリズム・新聞	170 神道	270 オセアニア史	370 教育	470 植物学
080 叢書・全集	180 仏教	280 伝記	380 風俗習慣・民俗学	480 動物学
090 貴重書・郷土資料	190 キリスト教	290 地理・地誌・紀行	390 国防・軍事	490 医学・薬学
500 技術・工学・工業	**600 産業**	**700 芸術**	**800 言語**	**900 文学**
510 建設工学・土木工学	610 農業	710 彫刻	810 日本語	910 日本文学
520 建築学	620 園芸・造園	720 絵画・書道	820 中国語・東洋の諸言語	920 中国文学・東洋文学
530 機械工学・原子力工学	630 蚕糸業	730 版画	830 英語	930 英米文学
540 電気工学・電子工学	640 畜産業・獣医学	740 写真・印刷	840 ドイツ語	940 ドイツ文学
550 海洋工学・船舶工学・兵器	650 林業	750 工芸	850 フランス語	950 フランス文学
560 金属工学・鉱山工学	660 水産業	760 音楽・舞踊	860 スペイン語	960 スペイン文学
570 化学工業	670 商業	770 演劇・映画	870 イタリア語	970 イタリア文学
580 製造工業	680 運輸・交通	780 スポーツ・体育	880 ロシア語	980 ロシア文学
590 家政学・生活科学	690 通信事業	790 諸芸・娯楽	890 その他諸言語	990 その他諸文学

◀2▶ 大学図書館の司書に相談する（レファレンス・サービスを利用する）

　大学図書館の使い方，資料の検索方法，資料の入手方法などの相談ができます。これをレファレンス・サービスといいます。

　大学図書館によっては専門のカウンターが用意されていて相談を受けつけています。レポート・論文のテーマ，論点を調べるための資料やデータベースの見当がつかないときも相談できます。

◀3▶ その他の図書館機能を活用する

・購入希望図書制度

　学生からの購入希望図書を聞いて，優先的に購入し貸し出しをする制度がある大学図書館がほとんどです。ただし，すべての希望がかなうわけではありません。学内規定を確認しましょう。

・情報検索講習会

　大学図書館が契約しているデータベースの活用は，慣れないと難しく感じるものです。大学図書館で情報検索のための講習会を開いている場合があります。そういった講習会にも出席してみましょう。

> 🔑 **キーワード**
>
> **NDC**：日本十進分類法（Nippon Decimal Classification（略称NDC）。アメリカのデューイが創案した『デューイ十進分類法（DDC）』を導入し，日本の図書館で適合するように再構成したもの。森清が1928年に発表したものがもととなっている。

> ⚠ **ポイント**
>
> 　大学図書館OPACを利用して検索すると，調べたい事柄のNDCを把握することができて便利です。

Work 15 情報整理力をつけよう① ～文献を取捨選択しよう～

身につけるスキル
▶入手した文献に目を通すことができる
▶文献の取捨選択ができる

Activity
❶ 入手した文献は，すぐに目を通そう
❷ 文献の取捨選択のために「奥付」「はじめに」「おわりに」を確認しよう

入手した文献にはすぐにざっと目を通します。入手した文献すべてを使う必要はありません。本当に必要かどうか，文献のポイントを読んで確認していきます。

1 入手した文献は，すぐに目を通そう

レポートを書くためには，全体を1回読めばいいのではなく段階的に何回か読む必要があります。その文献が必要かどうか取捨選択するためにも，入手した文献にはすぐにざっと目を通してみましょう。

◀1▶ 目次や見出しを確認しよう

文献を手に入れたら，まずは目次や見出しを確認しましょう。目次や見出しを見れば，文献に何が書かれているか全体像が見えてきます。

90

◀2▶ スキミング,スキャニングをしよう

　効率よく情報を集めるために情報の内容をざっと確認するための読み方（スキミングとスキャニング）をやってみましょう。

①スキミングをしよう

　スキミング（拾い読み）は文章の全体を把握するような読み方で,テキストの構成を認識し,テキストにある語彙（ごい）から内容を推測し主題をとらえるなどの総合的な読解力が必要となります。

アドバイス
　スキミング,スキャニングをするためには,普段から文章を読み慣れていることが必要です。

スキミング（拾い読み）

　海外留学は日本企業への就職に不利なのだろうか。日本企業側は海外留学に行っていたことを低く評価しているわけではない。ただ,留学に行ってきただけではコモディティ化が著しい。コモディティ化とは,みな横並びでたいした違いがないということだ。コミュニケーション能力や語学力は日本で学んだ学生にも身についている。
　コモディティ化から脱するためには,海外留学で特に何を学び,それを生かしてどんな分野でその企業に貢献できるかアピールできなければならない。コモディティ化を改善していくには,一人ひとりの学生に任せるだけでなく,大学側も海外留学のプログラムを進化させたり,事前の教育を充実させたりする必要があるだろう。

＞主題をつかむために,ざっと読むのがスキミングです。

②スキャニングをしよう

　スキャニング（探し読み）は,特定の情報を得るために,すべての語や文を丁寧に読まずに,読み手がほしい情報がある場所だけをすばやく特定する読み方です。

スキャニング（探し読み）

　海外留学は日本企業への就職に不利なのだろうか。日本企業側は海外留学に行っていたことを低く評価しているわけではない。ただ,留学に行ってきただけでは**コモディティ化が著しい**。**コモディティ化**とは,みな横並びでたいした違いがないということだ。コミュニケーション能力や語学力は日本で学んだ学生にも身についている。
　コモディティ化から脱するためには,海外留学で特に何を学び,それを生かしてどんな分野でその企業に貢献できるかアピールできなければならない。**コモディティ化を改善していくには**,一人ひとりの学生に任せるだけでなく,大学側も海外留学のプログラムを進化させたり,事前の教育を充実させたりする必要があるだろう。

＞ほしい情報をすばやく見つけるために,キーワードを拾い読むのがスキャニングです。

Training　入手した文献の目次を確認したら,全体をスキミング,スキャニングしてみましょう。

Download W1501

Work 15

❷ 文献の取捨選択のために「奥付」「はじめに」「おわりに」を確認しよう

◀1▶ 文献を取捨選択しよう

集まった文献がすべて必要とは限りません。下のチェックリストを確認しましょう。

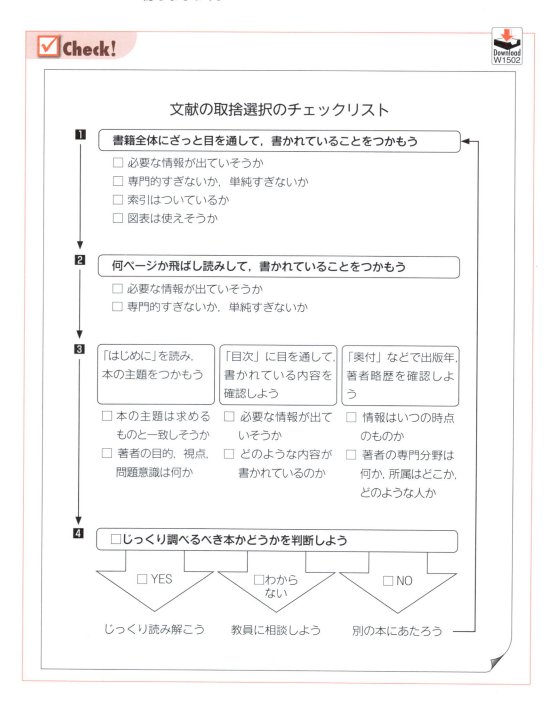

✓Check!

文献の取捨選択のチェックリスト

1 書籍全体にざっと目を通して，書かれていることをつかもう
- □ 必要な情報が出ていそうか
- □ 専門的すぎないか，単純すぎないか
- □ 索引はついているか
- □ 図表は使えそうか

2 何ページか飛ばし読みして，書かれていることをつかもう
- □ 必要な情報が出ていそうか
- □ 専門的すぎないか，単純すぎないか

3
- 「はじめに」を読み，本の主題をつかもう
  - □ 本の主題は求めるものと一致しそうか
  - □ 著者の目的，視点，問題意識は何か
- 「目次」に目を通して，書かれている内容を確認しよう
  - □ 必要な情報が出ていそうか
  - □ どのような内容が書かれているのか
- 「奥付」などで出版年，著者略歴を確認しよう
  - □ 情報はいつの時点のものか
  - □ 著者の専門分野は何か，所属はどこか，どのような人か

4 □ じっくり調べるべき本かどうかを判断しよう
- □ YES → じっくり読み解こう
- □ わからない → 教員に相談しよう
- □ NO → 別の本にあたろう

◀2▶ 「はじめに」「おわりに」を確認しよう

「はじめに」「おわりに」には，著者がその本を書いた動機や目的などが明らかになっています。本全体を読む前に，必ず「はじめに」と「おわりに」に目を通し，メモをとっておくとまとめる際に有効です。

Work sheet 「はじめに」から，次のことをメモしましょう。

1	著者がこの本を書いた動機や背景は何か？	
2	著者が問題としていることは何か？問題意識はどこにあるか？	
3	著者はどのような解決方法をとろうとしているのか？	
4	著者がこの本を書いた目的は何か？	
5	著者が想定している読者はどのような人か？	

Work sheet 「おわりに」から，次のことをメモしましょう。

1	著者はどのような結論を出したのか？	
2	著者は残された課題があると述べているか？それは何か？	
3	その他，何か述べているか？	

Work 16

情報整理力をつけよう②
～文献を整理保存しよう～

身につけるスキル
▶ 入手した文献の一覧表がつくれる
▶ 入手した情報を整理し保存できる

Activity
❶ 入手した情報を整理して保存しよう
❷ 入手した文献リストを作成しよう
❸ 入手した文献の現物を整理しよう
❹ メモを整理保存しよう

　さまざまなツールを使って情報を見つけ，入手した情報は整理して保存しておきます。文献は，文献リストをつくって管理し，現物には番号をつけてファイルするようにします。苦労して探して手に入れたものを効率的に利用するために，絶対に必要な作業です。面倒くさがらずにやっていきましょう。

⚠ ポイント
　情報がたくさん集まればいいわけではありません。必要なものを見きわめ，取捨選択しましょう。

1 入手した情報を整理して保存しよう

情報を整理保存するためには，3種類の整理が必要です。
①入手した文献の書誌情報を記載した「入手した文献リスト」の作成
②入手した文献（図書や論文の複写物）そのものの整理
③文献を読んでつくったメモの整理

2 入手した文献リストを作成しよう

◀1▶ 入手した文献リストの意義

　自分のテーマにあう文献がたくさん集まると，最終的にどの本からのコピーやメモなのか，わからなくなることがあります。それでは，レポート・論文で引用する場合や参考文献リストを作成する際にたいへん困ってしまいます。そこで，入手した文献の一覧表をつくり，集めた資料は入手した文献リストの文献番号で管理します。

◀2▶ 入手した文献リストの作成手順
①手に入った順に書く
　入手したい文献を書いておくこともできます。その場合はその他の欄に「入手予定」などと記載するのがよいでしょう。

②書誌情報の種類を確認する

　資料は手に入った順で書き加えますが，種類によって書きとめる部分が違いますので，何から得た情報なのかメディアを確認します。

③入手した文献について文献リストに必要な項目を書きとめる

- 本：奥付から，著者名，書名，出版者，出版年
- 論文：全体から，著者名，論文名，雑誌名，巻号，掲載ページ
- Webサイト：サイトの各所から，サイト名，URL，作成者等

④その他の情報を書き加える

　その他入手に関連した情報を書き加えておくと，再度入手したいときに便利です。図書館で借りた本などは，背のラベル（請求記号）をメモするなどしておきましょう。

情報リテラシー

EndNote Web，RefWorksなどのシステムを利用すると，データベースから，著者名，論文名，抄録などが自動的に取り込めます。このようなシステムの利用ライセンスを持っている大学もありますので，確認しましょう。

アドバイス

入手した文献の一覧表は表計算ソフト（Excelなど）で作成しておくと，どんどん増やせるので便利です。

例　入手した文献リスト

文献番号	本/論文/サイト	『書名』／『論文名』『雑誌名』／サイト名（URL）	著者名／著者名／作成者名	出版者（出版年）／巻号(刊行年)，掲載ページ／確認した日	その他（入手先など）
1	サイト	若者雇用関連データ (http://www.mhlw.go.jp/topics/2010/01/tp0127-2/13.html)	厚生労働省	2014.3.4	Webサイト
2	論文	「若者就業支援の現状と課題」『労働政策研究報告書』	労働政策研究・研修機構	vol.3, No.35 (2005) p.20〜30	CiNiiでPDFをDL
3	本	『若者の雇用問題』	亀田あられ	越後出版（2013）	図書館 366の棚

Worksheet　入手した（入手したい）文献や情報のリストをつくってみましょう。

文献番号	本/論文/サイト	『書名』／『論文名』『雑誌名』／サイト名（URL）	著者名／著者名／作成者名	出版者（出版年）／巻号(刊行年)，掲載ページ／確認した日	その他（入手先など）
1					
2					
3					
4					
5					
6					

Work 16

③ 入手した文献の現物を整理しよう

◀1▶ 文献番号での管理をしよう

　入手した文献には，文献リストの「文献番号」を記載して管理します。たとえば，文献番号1の資料のコピーには①と書いておきます。書誌事項は文献リストを見れば確認できるため，たくさん集まっても，何からのコピーなのかわからなくなることはありません。

例 入手した資料

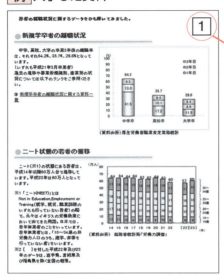

文献リスト

		『書名』	著者名
文献番号	本	『論文名』『雑誌名』	著者名
	論文	サイト名（URL）	作成者名
	サイト		
①	サイト	若者雇用関連データ (http://www.mhlw.go.jp/topics/2010/01/tp0127-2/13.html)	厚生労働省
2	論文	「若者就業支援の現状と課題」 『労働政策研究報告書』	労働政策研究・研修機構
3	本	『若者の雇用問題』	亀田あられ

◀2▶ 文献現物の保存の方法

　文献番号を記した文献そのものは，紛失しないように整理して保存します。ファイルに閉じたりボックスに入れたりして整理しましょう。近年ではデータ化して保存することも増えています。その場合は文献番号をファイル名に入れるように工夫しましょう。

● PCでの保存

　文献番号をファイル名に入れPDFを作成し，オンライン・ストレージに保存する方法もあります。（Dropbox，SkyDrive，Evernoteなどの利用）

● スマートフォンでの保存

　写真を撮り，画像ファイル名に文献番号をつけて保存しておく方法もあります。

> ✓ **Check!**
>
> 　大学で提供するオンライン・ストレージが利用できる場合もあります。自分の大学の情報システムを確認しておきましょう。

情報リテラシー………

　オンライン・ストレージとは，インターネット上にある記憶領域を貸し出すサービス。インターネットに接続する環境があれば，ファイルのコピーや削除，共有などが自由に行えるので，USBメモリを持ち歩く必要がなくなります。無料のものと有料のものがあり，大学で契約している場合もあるので，活用しましょう。

❹ メモを整理保存しよう

必要な情報は読書をしながらメモします。メモは、付箋に書く方法や、ノートにまとめる方法、情報カードに記入する方法などがあります。自分がメモを取りやすいものを使ってみましょう。文献リストを先につくっておくと、メモには文献番号だけを記入すればよいので便利です。

🅰 アドバイス

文章を読んだときに最初に思いついた「つっこみどころ」や「ひらめき」は、とても貴重なものです。忘れないうちにメモ程度でもよいので書きのこしておくクセをつけましょう。

🅰 アドバイス

メモの方法は、p.43を参照しましょう。

例 情報カードを使う方法

一枚の用紙（情報カード）にメモを取る方法もあります。並び替えながら考えたり論文の執筆ができたりするので、便利です。

文献リストをつくっておくと、「文献⑤より」と記載するだけですむ

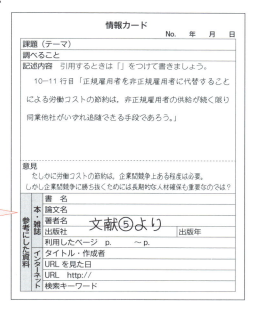

例 付箋を使う方法

> 大学進学率の上昇が就職率の低下を招く（文献⑤のp.25）

付箋にメモを書きながら読み進めることができるので便利です。ただし、紛失してしまう危険性もあります。

例 ノートを使う方法

一冊のノートに同じテーマのものをまとめておくとよいでしょう。情報がばらばらにならないので便利です。

文献　⑤より
引用　10—11行目「正規雇用者を非正規雇用者に代替することによる労働コストの節約は、非正規雇用者の供給が続く限り同業他社がいずれ追随できる手段であろう。」
自分の意見　たしかに労働コストの節約は、企業間競争上ある程度は必要。しかし企業間競争に勝ち抜くためには長期的な人材確保も重要なのでは？

スキルアップ編　97

Work 17 課題考察力をつけよう
～考察を深めよう～

身につけるスキル
▶入手した情報をもとに考察が深められる
▶論点に照らした回答が見つけられる
▶入手した情報に照らし，論点の修正ができる

Activity
❶ 自分が選んだリサーチ・クエスチョンに回答できる文献が収集できたか確認しよう
❷ メモの整理を見ながら，自分なりの主張を導こう
❸ 必要があればリサーチ・クエスチョンの修正を行おう

　自分が選択したリサーチ・クエスチョンに関連した文献が見つけられたかどうか確認します。もし情報収集に問題があれば，リサーチ・クエスチョンを修正します。問題がなければよく読んで，考察を深めましょう。疑問への回答を見つけて，論文を書く準備を始めます。

アドバイス
　文献の読み解き方，メモの取り方はp. 42～45を参照してください。

自分が選んだリサーチ・クエスチョンに回答できる文献が収集できたか確認しよう

　リサーチ・クエスチョンに関連した文献を適切に集められないと，論文は書けません。どんなに魅力的なテーマやリサーチ・クエスチョンであっても，まったく文献がない場合には変更しなければなりません。一方で，文献が多すぎても論文は書けません。無駄な文献をたくさん集めていないか，集めてきた文献の内容が自分のリサーチ・クエスチョンにとって必要かどうかも確認しましょう。

　自分が必要とする情報が収集できそうか確認するために，次のような順番でメモを整理してみましょう。

①**ラベリング**　関連するメモがあれば，まとめてグループをつくります。
　グループができたら，そのグループ全体をあらわす一文を考え，ラベルをつけます。

例 ラベリング

②**図解** 大きな紙の上などに，メモやグループ間の関係を考えた図解をつくります。同じようなテーマのグループは近くにおきます。そのときに，特にメモやグループ間の関係性が強いと考えた場合は，図解に文章や矢印や棒線などを書き加えます。

③**取捨選択** メモを整理しながら，自分が調べているリサーチ・クエスチョンの回答が見つかりそうか確認しましょう。もしも今回の論文に必要がないと判断した場合は，その情報を潔く捨てる勇気も持ちましょう。

例 リサーチ・クエスチョン：「大卒者の就労支援はどのように行われているか？」の図解と取捨選択

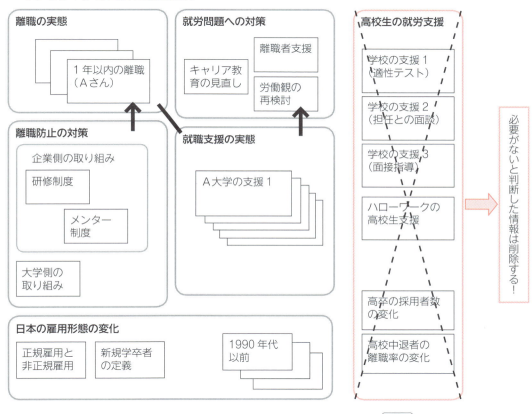

Work sheet
集まったメモをグループ分けして，十分な情報が収集できたか，情報収集の全体像を把握しましょう。

①**ラベリング** 関連する項目のグループをつくり，ラベルをつけましょう。

②**図解** メモやグループ間の関係を考えた図解をつくりましょう。

③**取捨選択** 必要となる情報が収集できたか確認しましょう。同時に，必要のない情報を集めていないか見きわめましょう。

Work 17

情報リテラシー

SNSなどを通じて意見交換をすることで，自分の思考が深まることがあります。ネットを意見交換の場として積極的に利用してみましょう。

❷ メモの整理を見ながら，自分なりの主張を導こう

◀1▶ 自分が調べているリサーチ・クエスチョンの回答を考えてみよう

集まったメモを整理するなかで，考察を深めましょう。メモを見ながら，自分が調べているリサーチ・クエスチョンへの回答を考えましょう。考えたことなどを自由に書き出してみましょう。

例

- 働く意義を認識していない大学生が多く，このまま社会に出るから，すぐ辞める
- ・就職支援の課題
- 会社を辞めたら誰が就職を支援してくれる？

大卒者の就労支援はどのように行われているのか？

- 就職支援と就労支援は違う！
- ・就職支援の実態
- ・就労支援の実態
- 「就労支援」には，問題点とその対策があるんじゃないか！

Work sheet 自分が選んだリサーチ・クエスチョンを真んなかの四角に入れましょう。そのリサーチ・クエスチョンに関して考察したことをまわりに書いていきましょう。

自分が選んだリサーチ・クエスチョン

？

◀2▶ 考察結果をはっきりさせる

試行錯誤した結果，自分なりに出した結論を書き出しましょう。

Work sheet 考察した結果，主張したいことを明確にしましょう。

主張：

❸ 必要があればリサーチ・クエスチョンの修正を行おう

　考察の結果，主張したいことが見つからなかったり，考えがまとまらなかったりした場合は，情報収集が十分ではない可能性があります。

　情報が十分に集まらなかったり，調べているうちに別の論点に興味が出てきたりした場合などは，最初に選択したリサーチ・クエスチョンを修正し，再調査をすることもあります。

アドバイス

調べたら考えて，考えたら調べるために情報探索（p.82〜89）は何回も行う必要があります。

例

最初に決めたリサーチ・クエスチョン

> 大学生の就労支援はどのように行われているか？

修正後のリサーチ・クエスチョン

> 大卒者の早期離職の現状と対策はどのようになっているか？

修正の理由

> 大学生の就労支援について調べるうちに，大卒者の早期退職が増加している問題があることがわかった。早期に離職する現状に対する対策はどのようになっているのかという論点について気になった。

Work sheet 自分が選択したリサーチ・クエスチョンの見直しをして再調査しましょう。

Download W1704

1. 自分が選んだリサーチ・クエスチョンに答えられそうか，情報収集の状況を確認しましょう。
   - ☐ 情報は十分に複数収集できた（少なすぎないかどうか）。
   - ☐ 集めた情報のなかから必要ないものを削ることができた（多すぎないかどうか）。

2. 上記の2項目にチェックがつかない場合は，リサーチ・クエスチョンの修正をしましょう。

新しいリサーチ・クエスチョン：

新しいリサーチ・クエスチョンに変更した理由：

スキルアップ編 101

Work 18 論文構成力をつけよう ～論文の骨子をつくろう～

身につけるスキル
▶考察結果を踏まえ，序論の部分が整理できる
▶論文の展開を考えることができる

Activity
❶ 序論（はじめに）を書いて，論文の前提を明らかにしよう
❷ 論文の展開を考えてみよう
❸ 論文の展開を発表し評価してもらおう

Work17 では，考察結果を明らかにしました。レポート・論文では，考察した道筋を他人にわかるように整理して書かなければなりません。序論を書いて，論文の前提を明確にしましょう。また，主張や根拠を明らかにして，わかりやすく説明する順番を考えましょう。

1 序論（はじめに）を書いて，論文の前提を明らかにしよう

考察結果がはっきりしたら，論文の「序論（はじめに）」にあたる部分を書いてみましょう。

まず，下記で示した①から⑤の要素を書いておきます。これは，これから論文を執筆するにあたって，自分自身が何を明らかにしようとしていたのかを見失わないために必要な要素です。つまり，この段階で書く序論は，自分がこれからどのような論文を書くかという宣言でもあり羅針盤でもあります。論文を書き終わった段階で，⑥の章立ての説明を書き加え，序論を完成させます。

●序論に必要な要素

① 自分が選んだテーマや論点
　自分が選んだテーマや論点，これから何について書くのか。
② 社会的背景／歴史的背景
　自分が取り上げたテーマの社会的または歴史的な位置づけ。
③ 個人的背景
　テーマや論点の選択理由，問題意識，興味関心のきっかけ。
④ 研究目的，研究方法
　考察を深めるために，どのような方法で何をしたのか。
⑤ 主張
　④の結果，わかったこと。
⑥ 論文の展開（いちばん最後に書き加える）
　章立てや全体の流れの説明。
　考察した結果が説明できるような論理的な順番で書く。

アドバイス
序論の要素の①から⑤は，論文を書き始める前に書きます。
⑥の章立ては，執筆を進め，試行錯誤するなかで決定していく要素なので，最後に書きます。

ポイント
短い論文の場合には，④の研究方法や，⑥の章立てが不要なこともあります。

例 論文を書き進める前に，序論を書いておきましょう。

① 自分が選んだリサーチ・クエスチョン＝テーマ：これから何について書くのか。

> 大卒者の離職問題の現状と対策はどのようになっているか？

② 社会的背景／歴史的背景：テーマの社会的または歴史的な位置づけ。

> 現在は就職難の時代が続き，大学生の多くは，長期にわたる就職活動を経てからでないと，企業から内定をもらうことができない。

③ 個人的背景：テーマ選択理由，問題意識，興味関心のきっかけ。

> 苦労して就職したにもかかわらず，3年も経たずに離職してしまう人もいるらしい。入社した会社をすぐに辞めてしまうのか疑問に思った。

④ 研究目的・方法：どのような方法で何をするのか。

> 大卒者の早期離職の現状や背景，社会に与える影響について，複数の文献を使って，考察していきたい。

⑤ 主張：④の結果，わかったこと。

> 企業，大学がそれぞれに支援を行うべきである。大学においては，「豊かな人生」を考える機会をより多く提供すべきである。

アドバイス

たくさんの資料にあたっているうちに，自分がどんな動機で調べ始めたのか，何を明らかにしようとして調べはじめたのか，わからなくなってしまうことがあります。

ここでは特に個人的な背景や研究目的をしっかり書いておいて，レポート作成の過程で迷いが生じたら，このシートを振り返ってみましょう。

Work sheet 論文を書き進める前に，序論を書いておきましょう。

① 自分が選んだリサーチ・クエスチョン＝テーマ：これから何について書くのか。

② 社会的背景／歴史的背景：テーマの社会的または歴史的な位置づけ。

③ 個人的背景：テーマ選択理由，問題意識，興味関心のきっかけ。

④ 研究目的・方法：どのような方法で何をするのか。

⑤ 主張：④の結果，わかったこと。

Work 18

② 論文の展開を考えてみよう

◀1▶ 論文の内容の構成を考える

序論を書いて，論文の前提が明確になったら，論文の内容の構成を考えましょう。自分の主張を支えるために必要な証拠をあげて，それらをどのように並べたら主張が伝わるのか，論文の展開を考えてみます。

アドバイス
思考過程については，p.39〜41も参照してください。

① 見いだした主張を書きましょう。

例 見いだした主張

> ・早期退職者の増加への対策が遅れている。その対策としては，就職前の支援だけではなく，就職後の支援が重要である。

② どのような思考過程の結果，この主張が明らかになったのか確認しましょう。思考の過程が主張を生み出したことに注意を払いましょう。

ポイント
主張を支える根拠を並べるためには，p.55 の，2 種類の「根拠の並べ方」を思い出してみましょう。

①並列的展開

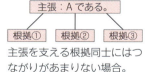

主張を支える根拠同士にはつながりがあまりない場合。

②系列的展開

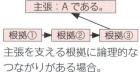

主張を支える根拠に論理的なつながりがある場合。

✓ Check! （Download W1802）

主張を導くためにどう考えてきたか確認しましょう。

- ☐ 比較対照して考えた（メリット・デメリット）（相違点・類似点）
- ☐ 原因と結果から考えた（原因への対策）（結果の影響）
- ☐ 分類したり次元を分けたりして考えた（類似点・4次元に分類）
- ☐ 変化を明らかにした（時間的な変化）（連鎖的な変化）
- ☐ 傾向を明らかにした（正の相関・負の相関）（影響関係）
- ☐ その他：

③ 見いだした主張がどのような思考過程を経て明らかになったのかを読者にわかりやすく説明する順番を考えましょう。

例 主張を支える根拠

1. 早期離職者が増加している。
2. 早期離職者への対応が遅れている。
   それは，就職支援はあるが，就職後の支援があまりないから。
3. 早期離職者への有効な対応策は，就職後の就労支援である。

ポイント
下記のような流れも考えられます。いろいろと考えてみましょう。

- Aの特徴 → Bの特徴 → AとBの比較
- 過去 → 現在 → 未来

◀2▶ 仮の論文タイトルをつけておく

タイトルは自分が考察した論点がわかるものにします。「○○について」というおおざっぱなタイトルは避けます。論文を書き終わってから，より適切なタイトルにするための見直しをすることもあります。

× 大卒者の早期退職について
○ 大卒者の早期離職の課題と対応策

> **ポイント**
> 下記のような語尾を使って，内容や分析の方向がわかるようなタイトルを考えましょう。
>
> 〜と〜との比較
> 〜における〜の歴史的経緯
> 〜要因の分類
> 〜から考える〜問題
> 〜における〜の考察
> 〜の状況（実態）　など

Work sheet　見いだした主張とそれを支える根拠，仮のタイトルを書きましょう。

・見いだした主張

・主張を支える根拠
1
2
3

・仮タイトル

③ 論文の展開を発表し評価してもらおう

論文の展開を他の学生にもわかるようにまとめて発表しましょう。
そして他の学生の発表を評価します。他人を評価することで，自分が執筆するときの確認や振り返りにもなります。

✓ Check!　論文執筆前の評価コメント用紙

発表者（　　　　　　　　）さんへ
Aよい　Bふつう　Cあとすこし

1 問題意識が明確か　　　　　　　　　　A　B　C
2 主張は明確か　　　　　　　　　　　　A　B　C
3 主張を支える根拠の数は十分か　　　　A　B　C
4 根拠と主張との関係はうまく関連しているか　A　B　C

総合　このまま論文が書けそうか
　　　A　十分書ける　B　書けそう　C　考え直そう

コメント：

Work 19 文章構成力をつけよう① 〜執筆しよう〜

身につけるスキル
▶執筆のためのアウトラインをつくることができる
▶アウトラインから文章をつくることができる

Activity
❶ 主張を支える根拠をもとに執筆のためのアウトラインをつくろう
❷ 執筆のためのアウトラインを文章に仕上げよう

　Work18で論文の展開を発表した際に，他の学生からもらったコメントをもとにアウトラインを練っていきましょう。次に，いいたいことを箇条書きにして執筆のためのアウトラインをつくりましょう。それをもとに文章をつくっていきましょう。

キーワード
アウトライン：論文の大まかな流れに沿って書きたいことを箇条書きで書きだして論文の骨子をつくることをいいます。

アドバイス
　p.105でつくった，主張を支える根拠を確認しながら，仮の章立てをつくりましょう。
　章をいくつ立てたらよいかは論じる内容によっても違いますが，だいたい3つくらいを考えるとよいでしょう。

1 主張を支える根拠をもとに執筆のためのアウトラインをつくろう

◀1▶ 主張を支える根拠をもとに仮の章立てをつくろう

　他の学生から指摘された点を修正して，論の展開を考え直し，仮の章立てを考えましょう。今後，仮の章立てをもとに，執筆のためのアウトラインをつくっていきます。

例

1　早期離職者が増加している。
2　早期離職者への対応が遅れている。
　　それは，就職支援はあるが，就職後の支援があまりないから。
3　早期離職者への有効な対応策は，就職後の就労支援である。

第1章　大卒者の早期離職問題の現状
第2章　大卒者の早期離職の原因
第3章　早期離職を防ぐ方法

Work sheet 根拠をもとに仮の章立てを考えましょう。
章の数は自分で決めましょう。

第1章
第2章
　　⋮

◀2▶ 仮の章立てに沿って,書くべきことをあげてみよう。

仮の章立てが決まったら,それぞれの章内に書くべきことを箇条書きであげて,論文執筆のためのアウトラインを書いてみましょう。

論文執筆のためのアウトラインの例

序論 問題提起
本稿では,　①　について論じる。これには　②　③　という背景がある。　④　を考察した結果,　⑤　という結論を主張する。本稿の展開は,　⑥　である。

> Work18のp.103で書いた序論を見直しておく。

第1章 早期離職者多数の現状
・3年以内に離職する大卒生が増加している。
・この10年間で倍増しているという。

第2章 早期離職者の対策の問題
・若者の就労に対する意識・自覚が不十分。
・若者に対する就労支援が不十分なためである。

第3章 問題点の改善策
・就労のイメージを持てるようなキャリア教育,就労支援が必要。
・事業所も就職後に若者の相談にのったりする場所をつくるべき。

結論 まとめ
・大学での就労支援を充実させる必要がある。
・就職後の研修や相談窓口などの充実も急務である。

> 結局,自分は何が言いたいのか,主張を書いておく。

Work sheet 「執筆のためのアウトライン」を書いてみましょう。

Download W1902

序論

第1章

第2章

第3章

結論

ポイント

ここで書くアウトラインは最終的な章立てにつながります。

しかし,実際は書きながら見直しをしながら進めますので,ここでつくったアウトラインが最終的な章立てにならないこともあります。

これを完成形にしようと思わずに,まずアウトラインを書いてみましょう。書くことで,考えがまとまることのほうが多いです。

Work 19

2 執筆のためのアウトラインを文章に仕上げよう

アウトラインが決まったら、箇条書きをさらに膨らませて文章にしましょう。

◀1▶ 箇条書きをさらに細かく書いていこう

前ページでつくった簡単な箇条書きに、根拠となるデータなども加えて、詳細なアウトラインをつくっていきます。

下記は、前ページでつくった「第1章」の箇条書きのうち、「3年以内に離職する大卒生が増加している」という部分をさらに細かく書き出している例です。「3年以内に離職する大卒生が増加している」根拠となるデータを書き出しています。

例　最初の箇条書き

第1章
- 早期離職者多数の現状
- 3年以内に離職する大卒生が増加している。
- この10年間で倍増しているという。

例　根拠や主張がはっきりした、詳細な箇条書き

- 3年以内に離職する大卒生が増加している。
- 厚生労働省（2013）によると
  平成21年度、就職後3年以内の離職者は大卒で28.8%
  1年目の離職、11.5%　2年目の離職、8.9%　3年目の離職、8.4%
  ⇒1年目に離職する人が最多だが、2年目3年目もそれなりにいる

結論：早期離職を減らすためには、就職後の3年間のサポートが重要ということだ！

（主張したいことなども書き加えましょう。）

さらに、データの出典や論文に使いたい図やグラフを用意しておきましょう。

アドバイス

これまでつくってきた文献リストや引用や要約のメモ、結論を導き出したときの構想メモなどを確認しながら、詳細なアウトラインをつくっていきましょう。

何を参考にしたのか出典がわからなくならないように、メモ類をまとめておきましょう。

例　使いたいグラフのメモ

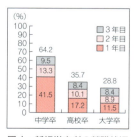

図1：新規学卒者の離職状況

例　出典が記された参考文献メモ

【参考文献リスト】
厚生労働省（2013）「若者雇用関連データ」
http://www.mhlw.go.jp/topics/2010/01/tp-2/12.html（参照 2013-03-03）

◀2▶ アウトラインを見ながら文章にしていこう

　詳細な箇条書きや使いたい図表，出典が記されたメモなどを傍らにおきながら，文章を書いていきましょう。

　文章を書く前に，論文の体裁（p. 34〜35 参照）を確認して，指示された体裁になるように設定しておきましょう。

　文章を書く際は，パラグラフ（p. 13 参照）を意識して，最初に主張を書いた主題文，その後に主張を支える支持文，最後に結び文が来るように書いてみましょう。また，論理的な文章のつながりがわかるように，適切な接続語（p. 60 参照）を使ってみましょう。さらに，引用（p. 16〜17 参照）の書き方を守ったり，図表の入れ方（p. 17 参照）を確認したりしながら書いてみましょう。

例　アウトラインをもとに書いた文章　　□は接続語

第１章　大卒者の早期離職問題の現状

　若年者の早期離職を防ぐには就職後の３年間のサポートが重要だと考える。

　[なぜなら]厚生労働省（2013）によると，平成 21 年度の就職後３年以内の離職者の割合は，大卒者で 28.8％もいるからである。数字の内訳は，１年目が 11.5％，２年目が 8.9％，３年目が 8.4％となっている。[たしかに] １年目に比べて２年目，３年目とその割合は減ってはいる。[しかし]，２年目３年目の離職者が一定数いることがわかる（図１）。

　[したがって]就職直後から３年間にわたってかれらを見守り，躓きの原因をみきわめる必要がある。

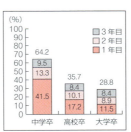

図１：新規学卒者の離職状況

【参考文献】
厚生労働省（2013）「若者雇用関連データ」
http://www.mhlw.go.jp/topics/2010/01/tp-2/12.html（参照 2013-03-03）

> **！ポイント**
> 文章を書いていくなかで，情報が足りないことに気がつく場合があります。その際は，情報探索（p. 82〜89 参照）を行い，必要な情報を補っていきましょう。

Work sheet　執筆のためのアウトラインを文章に仕上げましょう。パラグラフを意識したり，適切な接続語を使ったりなどして，他人が読んでもわかりやすい文章を書くようにしましょう。

Work 20

文章構成力をつけよう②
〜章立てを確定し，文章を推敲しよう〜

身につけるスキル
▶ 章立てを確定できる
▶ 下書きを推敲できる
▶ 提出前の再確認ができる

Activity
❶ 章立てを確定しよう
❷ 下書きを推敲しよう
❸ 提出前に何度も確認しよう

　章立てとはレポート・論文全体を階層構造に整えること，推敲とは，書いた文章をより良いものに練り上げることです。最初に決めたアウトラインまま，一度書いたままの文章で提出してはいけません。章立てと推敲のポイントをつかみ，読みやすいレポート・論文に仕上げましょう。

1 章立てを確定しよう

　論文は長さによって分け方が変わります。1,500字程度の短いものは，「章」となる見出しだけで構成します。4,000字以上の長いものには，1つの章をいくつかの論点に分けた「節」をつくります。10,000字以上のレポート・論文では，内容がさらに増えるので，節の下にも「項」をつくります。こうした階層構造をつくることを「章立て」とよびます。

　きちんと章立てしてから書いたレポート・論文は，全体の構成が把握しやすく，読者にとって読みやすいものになります。

例　章立てをせずに書いたレポート

> 　現在，大学生の多くは就職活動に不安を感じている。先日，就職した会社をたった3か月で辞めてアルバイト先に戻ってきた先輩がいた。なぜ苦労して就職した会社をすぐ辞めてしまうのか，早期離職を防ぐ方法はないのかと疑問に思い，このテーマを選んだ。国の実態調査（資料1）によれば，大卒者の早期離職率は2000年が36.5％で2010年が31％である。つまり早期離職する大卒者は昔も今も一定程度存在するのだ。本来，若者は自分の夢を探し自己実現を望んでいる。早期離職もこうした若者らしい心理

- 章（見出し）がないので内容を把握しづらい。
- 段落がないので，内容の前後関係がわかりにくい。
- 構成を意識しないで書くと，論点がずれたり飛躍したりする

例 章立てを確定して書いたレポート（章だけで構成した場合）

> 章番号と見出しをつけ，ゴシック太字で強調する

> 章と章の間は改行し，章の中にも適度に段落を設けて「まとまり」を示す

> 本文は明朝体で統一

1. はじめに

　本稿では，大卒者の離職について，早期離職の実態と原因から一定の傾向を確認し，早期離職を防ぐために有効な解決策とは何かを考察する。

2. 大卒者の離職の実態

　国の調査（資料1）によると，大卒者の早期離職率は2000年以降の10年間でおおむね30％台を推移している。

　2000年の離職率は36.5％で，うち1年目の離職は15.7％だ。この年は前年に比べると一旦景気が回復した年である。

● **長い文章の章立ての例**

　下記は，2章の「大卒者の離職の実態と原因」に書きたいことが多かったため，節と項を設けて細分化している例です。この例のように「章・節・項」とは書かずに，数字や記号だけで示す場合もよくあります。

　通常，文章はいちばん下の階層部分に入れます。書きたいことの文章量によってバランスよく章立てをしてください。

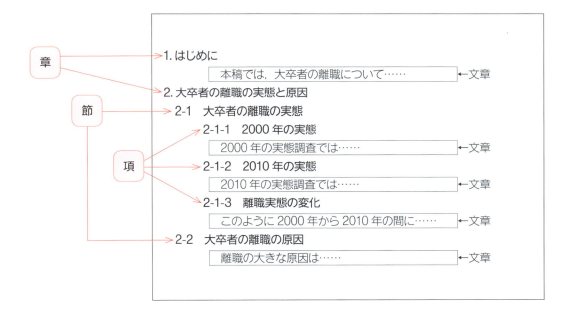

Work 20

❷ 下書きを推敲しよう

アウトラインからつくった文章は下書きです。下書きが完成したらそれで終わりではありません。少し時間をおいてから丁寧に読み直しましょう。時間が経過したほうが客観的に読み直すことができます。

読み直すときは，印刷をしたものを音読しましょう。表現のおかしい部分や意味が通らない部分，誤字脱字にも気づきます。間違いは赤ペンで修正していきましょう。

◀１▶ レポート・論文用の言葉で書けているか確認しよう

まずは，レポート・論文用の言葉で書けているか，表記・表現の部分について確認しましょう。

アドバイス
レポート・論文の推敲のための言葉遣いについては，p. 58〜60，p. 66〜67を参考しましょう。

✓Check! レポート・論文用の言葉になっているか確認しましょう。 （Download W2001）

	チェック
●話し言葉ではなく書き言葉で書けたか。	□
●常体（だ・である）と敬体（です・ます）が混在してないか。	□
●「私は」「自分は」などの一人称を使っていないか。	□
●「〜思う」「〜考えた」などを不用意に用いていないか。	□
●ひらがなで書く言葉（とき・ところ，など）に注意したか。	□
●同音異語（意義・異議，など）に注意したか。	□

◀２▶ 内容を確認してみよう

語句の修正だけではなく，意味内容が読み手に伝わるかどうかを確認しなくてはいけません。独りよがりの文章になっていないか確認しましょう。友人や先輩など他人に読んでもらうと，自分では気がつかなかった部分を指摘してもらえるので有効です。

✓Check! 意味・内容が伝わっているか確認しましょう。 （Download W2002）

	チェック
●複数の意味に解釈される表現になっていないか。	□
●主語と述語が対応しているか。	□
●接続語を適切に使えたか。	□
●理由が意見の繰り返しになっていないか。	□
●主観的な根拠になっていないか。	□
●むやみに外来語を使ってわかりにくくしていないか。	□

③ 提出前に何度も確認しよう

清書ができ上がっても，最終的に提出する前に何度も推敲して書き直しをしましょう。推敲チェックシートを傍らに確認しましょう。また，タイトルのつけ方や構成レイアウトの仕方なども確認しましょう。

論文は，指定された書式（用紙，文字数，行数，フォント）を守って提出することが大切です。書式が違うだけで受け取ってもらえないことがあります。また，課題内容に合った内容やタイトルになっているかどうか確認しましょう。

アドバイス
チェックシートは切り離してカードのように使うことができます。楽しみながら最終確認をしてみましょう。

✓ Check! 提出前チェックシート

タイトル		
□内容を的確に伝えるようなタイトルになっていますか	□タイトルの長さは長すぎず，短すぎず適当ですか	□読み手の興味や関心を引くようなタイトルになっていますか
□「～について」というタイトルになっていませんか	□タイトルで使用している用語を自分できちんと理解していますか	□タイトルとサブタイトルの関係が，きちんと主従になっていますか

内容		
□【序論】問題提起や定義について，明確に書けましたか	□【本論】事実と意見を区別し，客観的な視点に立って書けましたか	□【本論】引用元の出典は，正しく書けましたか
□【本論】引用箇所の前後について，対応した表現になっていますか	□【本論】主張（意見・評価）を支える根拠は，適切な表現になっていますか	□【結論】まとめの部分に，自分の主張（意見・評価）がありますか

表現		
□話し言葉はありませんか	□誤字脱字（変換ミスや文字の抜け落ち）はありませんか	□同じ表現の繰り返しはありませんか
□主語と述語が一致していますか	□文末は常体（だ・である調）で統一されていますか	□接続語を適切に使えましたか
□一文が長すぎる（3行にもなってしまうもの）文章はありませんか	□段落がない文章がだらだらと続いていませんか	□全体的に論文らしい表現を使って書けましたか

構成・レイアウト		
□論文に必要な5つの構成要素（p. 12参照）はもれなく書きましたか	□全体を通して読んだとき，論理的につながる構成になっていますか	□タイトルや小見出しを，わかりやすくつけていますか
□（図や表を載せた場合）図表のタイトルや出典を書きましたか	□表紙やページ番号をつけるなど，指定された体裁を守っているか，確認しましたか	□文字数や行数など，書式の条件を守っているか，確認しましたか

Download W2003

よりよいレポート・論文をかくために

よりよいレポート・論文を書くため，3つの注意事項を守りましょう。

(1) 課題をしっかりと確認し，課題にあった計画を立てること
(2) レポート・論文のルールを守ること
(3) レポート・論文に書くことはすべて理解し自分の言葉で書くこと

◀1▶課題をしっかりと確認し計画を立てよう

レポート・論文作成は時間がかかるものです。本を借りたり，本を読んだり，メモをしたり，考えたりとさまざまなことをしなくては書けません。提出期限から逆算して，早めに取りかかる必要があります。どのような種類のレポート・論文か，何文字書かなくてはいけないかという課題の要求を確認し，計画を立てなければいけません。また，計画を遂行するための「自己管理力」も求められます。

プロセス①	テーマから自分なりの論点を考えて執筆の準備をする。
プロセス②	論点にしたがって調査し，資料を取捨選択する。
プロセス③	集めた情報を読み解く。
プロセス④	調査結果を分析・考察する。
プロセス⑤	考察結果を論理的に書きあげる。
プロセス⑥	最終的に振り返り，全体を確認して提出する。

◀2▶レポート・論文のルールを守ろう

文章の途中で意味もなく文字のフォントや大きさが変わったりすると，丸写しの文章だと思われてしまいます。これまで勉強してきたように，レポート・論文は引用などのルールが決まっている文章です。そのルールを守らないと，いくら内容がよくても評価されません。

◀3▶レポート・論文に書くことはすべて理解しよう

自分が理解していない用語を使ってレポート・論文を書くことは，丸写しをしたことと大きな差はありません。必ず自分が理解したことだけを書きましょう。自分が書いたレポート・論文を何も見ないで口頭発表できるくらいに理解しておく必要があります。

結局は，しっかり計画を立て，時間をかけて課題内容に関連する文献を読んで理解して，ルールを守りながら，自分の言葉で書いていくことがよいレポート・論文を書くコツだといえます。

卒業論文準備…編

レポート・論文との違いを確認しておこう

卒業論文では、これまで書いてきたレポート・論文とは長さや質といった点で異なります。レポートとの違いは何か、どういった準備をしておいたほうがいいのかについて学んでおきましょう。

Work

- オリエンテーション編で基礎を学ぶ
  - 1 レポート・論文を書く準備をしよう
  - 2 「引用」とは何かを知ろう
  - 3 「参考文献リスト」とは何かを知ろう
  - 4 「報告型レポート」「ブックレポート」「論文」を知ろう

- 基本スキル編でブックレポートを書いてみよう
  - 発想力 5 レポート・論文に必要な考える方法を知る
  - 読解力 6 読んで理解する
  - 要約力 7 他者の主張を正しくつかむ
  - 批判的思考力 8 他者の主張を批評する
  - 表現力 9 論理的な表現を知る
  - （レポートによく用いられる表現を知ろう）

- スキルアップ編で論文を書いてみよう
  - 課題発見力
    - 10 下調べをして自分の問題意識を持とう
    - 11 論点を考えてみよう
    - 12 論点を絞って探索の方針を決めよう
  - 情報探索力
    - 13 情報を入手しよう
    - 14 文献を入手しよう
  - 情報整理力
    - 15 文献を取捨選択しよう
    - 16 文献を整理保存しよう
  - 課題考察力 17 考察を深めよう
  - 論文構成力 18 論文の骨子をつくろう

- よりよいレポート・論文を書くために
  - 文章構成力
    - 19 執筆しよう
    - 20 章立てて確立し、文章を推敲しよう

- すべて勉強したら、卒業論文とは何かについて知っておこう
  - 21 卒業論文準備編

Work 21 卒業論文に向けて

身につけるスキル
▶卒業論文とレポート・論文との違いを知る
▶卒業論文に向けて何をしておくべきか知る

Activity
❶ 卒業論文とレポート・論文の違いを知ろう
❷ 卒業論文に向けて，いまからやっておくべきこと

多くの大学で課される卒業論文は，大学の学びのまとめにあたります。自分が4年間何をテーマに勉強してきたのかが問われます。これまで勉強してきたレポート・論文と卒業論文とは何が違うのでしょうか。ここでは，授業内で課されるレポート・論文と大学生活の集大成である卒業論文との違いを明らかにし，どんな準備が必要か確認しておきましょう。

1 卒業論文とレポート・論文の違いを知ろう

卒業論文もレポート・論文も，根拠を示して自分の主張を論理的に説明し，相手を説得するという点では同じです。

しかし，卒業論文は，以下の点でレポート・論文とは違っています。

①自由なテーマで，オリジナルな問いが求められる

| レポート・論文 | テーマが与えられており，そこから論点を絞る。 |
| 卒業論文 | テーマを自分で見つけて，そこから自分のオリジナルな問いをつくる。 |

②自分で研究をして，その成果をまとめる

| レポート・論文 | 出されたテーマについて自分の考察を論理的に書き，課題を出した教員を説得できればよい。 |
| 卒業論文 | 自分のオリジナルな問いに答えるための研究がまずある。適切な研究方法を使って，結論が見えてから論文にまとめる。論文を読む人すべてを説得しなくてはならない。 |

③分量が多く，構成要素も増える

| レポート・論文 | 一般的に，分量の上限が決まっている。 |
| 卒業論文 | 分量の下限は決まっているが，上限はない。たくさんの根拠を示す必要があるため引用と参考文献が多く，構成が複雑なため目次も必要になる。 |

④長期的に取り組む

| レポート・論文 | 授業に応じて，短期間で仕上げる。 |
| 卒業論文 | 大学4年間の集大成として，2年近くをかける。たくさん書き，書き直すことにも時間を要するが，そもそも書く以前の研究に時間をかけなければならない。 |

アドバイス
オリジナルな問いとは，自分が疑問に思ったことや深く知りたいことが自分の問いです。そのような問いのうち，他の人がまだ調べておらず，まだその答えが明らかになっていないものが，オリジナルな問いです。

● **卒業論文とレポートの作業の違い**

自分の関心のある分野には，すでに他の人の研究で明らかにされ，わかっていることがたくさんあります。

レポートで行うことは，次のようなことです。

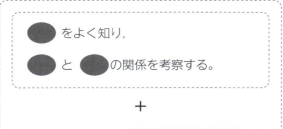

一方，卒業論文で行うことは，次のようなことです。

つまり，☆ が自分のオリジナルな問いになり，答えを求めて上述の作業をすることが研究なのです。研究をまとめて書いたものが，卒業論文です。

Work 21

アドバイス

問いをつくることはなぜ重要なのでしょうか？

問いをつくることは，

1） 卒業論文そのもの

自分の問いをつくることができれば卒業論文の作業の8割は終わったといっても過言ではありません。テーマを選んでから，書き上げるまでのすべてのプロセスが自分の問いを練り上げる作業だからです。

2） 調べて考える原動力

テーマがあって調べるのとは違い，問いをつくるためには，調べて考えることを繰り返す必要があります。

3） 自分を知ること

問いをつくることは，自分の知らない自分に気づき，より深く自分に気づくことです。自分が本当はどんなことに興味があるのか，問いをつくる過程で気づく場合も多いのです。そして，大学での学びの集大成としての卒業論文のテーマは，自分が本当に興味があることでなければ，深く探究し続けることが難しいのです。

【参考文献】
日本図書館協会利用教育委員会 (2011)『問いをつくるスパイラル：考えることから探究学習をはじめよう』日本図書館協会

卒業論文とレポート・論文の流れの違い

卒業論文の流れ	レポート・論文の流れ
課題確認	課題確認
下調べ	下調べ
問いを見つける	論点を見つける
情報収集	論点を絞る
情報整理	情報収集
問いを絞る	情報整理
中間発表	
情報収集	
情報整理	
考察	考察
仮アウトライン	仮アウトライン
執筆	執筆
修正	修正
提出	提出
発表会（口頭試問）	

卒業論文とレポート・論文の作業の大まかな流れにそれほどの違いはありません。しかし，卒業論文では自分のオリジナルな問いをつくることが重要なので，そこに時間がかかります。実際の作業では，問いを絞るところから，いったん書いて修正するまでのプロセスで何度も行きつ戻りつするのが普通です。

行きつ戻りつしながら次第に問いが深まり，絞られてくるものなので，ここでまっすぐ進めないことはむしろ必要なことなのです。

コラム
書くことの「しんどさ」を知る人に助言をもらおう

レポート執筆にかかる時間は，人によってさまざまです。気がつくと，書き終わっていないのは自分だけ，ということにもなりかねません。同級生以外の相談相手を見つけましょう。

相談相手として理想的なのは，同じ学科専攻やゼミの先輩など，経験者として具体的なアドバイスができ，書くことの「しんどさ」を理解してくれる人です。知り合いの先輩がいなくても，大学図書館をはじめ，レポートを抱えるみなさんのさまざまな相談に乗ってくれるところはたくさんあります。探してみましょう。

● **卒業論文の類型**

卒業論文のなかにも種類があります。

「卒業論文」の類型

- 実験・調査中心（仮説を検証）
- 事例研究＋文献による論証
- 文献解釈（文献・資料による論述）
- 論説（研究の現状を分析・評価）

専門分野や自分の問いによって卒業論文の類型は違います。また，類型によって，研究方法も違ってきます。以下の表では，大まかに，類型と研究方法の対応をしています。実際には，さまざまな研究方法を組み合わせて研究を行うほど結論の説得性が増します。

キーワード

量的研究：データを数量的に把握する調査。アンケート調査など，主としてある理論を確かめる型の調査方法です。

質的研究：数量的な把握を目的としない調査。インタビューや観察など，主として理論自体を見つけ出す型の調査方法です。

● **卒業論文の類型とさまざまな研究方法**

	中心分野	研究のタイプ	手法の例
実験・調査	自然科学	モデル研究	実験
	社会科学	量的研究	質問紙調査
事例研究	社会科学 人文科学	質的研究	観察 インタビュー調査
文献解釈	社会科学 人文科学	質的研究	文献調査
論説	すべての分野	質的研究	文献調査

質問紙調査　：　自分の問いを解決するために必要な質問を吟味する必要があります。

インタビュー調査　：　あらかじめ質問を用意しておくものや自由に話してもらうもの，また，個人で行うものやグループで行うものなどがあります。質問紙調査と同様に，綿密な計画のもとで行う必要があります。

Work 21

●卒業論文では，引用すべき文献，参考にすべき文献は増える

　1つの主張をするためには，多くの先行研究の主張を引用して，自分なりの論を組み立てなければなりません。したがって，引用文献，参考文献の数が多くなるのは必然です。

　たとえば，下記のように，あなたの意見は多くの人の先行研究の結果を引用して組み立てないといけないということになります。

> **アドバイス**
> 　引用では，自分のなかで評価の定まった文献を使う必要があります。また，自分の意見に最もふさわしい引用になるよう，情報をよく探す必要があります。
> 　こんな場合も出典を明記するのがマナーです。
> ・他者による定義・研究方法・計算式・評価尺度などを用いる場合
> ・参考文献のデータを用いて図表を作成した場合

引用のイメージ　　他の人の意見をもとに自分の意見を構築

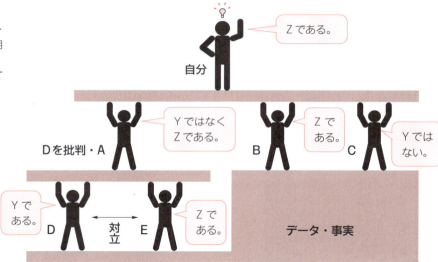

> **アドバイス**
> 　誰かが引用した結果をそのまま引用すると「孫引き」になってしまいます。引用した結果を参考にしたいときは，孫引きをせずに，元の文献を確認しなければいけません。

　この図は，自分のオリジナルな意見は，他人の意見の引用によって生まれていることをあらわしています。

　自分は「Zである」と主張したいときは，Aさん，Bさん，Cさんの意見に賛成するような引用をします。また，Aさんの意見に触れる場合は，Aさんが参考にしたDさんとEさんの意見も確認して，孫引きにならないようにしなければいけません。

2 卒業論文に向けて，いまからやっておくべきこと

◀1▶ 自分の興味関心を広げるための読書をしよう

①とにかくたくさん本を読もう

　知的好奇心は知ることからしか生まれません。まずは大学の授業を聞くことはもちろんですが，自分でもたくさんの本を読んで，知識を蓄えましょう。そのなかに，きっとあなたが興味を持って取り組める事柄が見つかります。それがあなたの卒業論文のテーマとなり，オリジナリティあふれる「問い」になります。

②読みながら，いつでも「なぜ？ どうして？ 根拠は？」と問いかけよう

　本や論文を読むときは批判的思考をしましょう。いつでも「なぜ？ どうして？ 根拠はあるのか？」と問いかけることが大切です。

　大学で読む学術的な文章は，提起された問題に対して議論し結論を提示する過程において，データなどで裏付けされた理由を述べるという構造を持っています。このような論理的な構造になっているかどうかをまず確認しましょう。主張のみで理由がない，問題点があやふやといった文章は「つっこみ」どころが満載ということになります。それぞれのポイントを確認（チェック☑）してみてください。

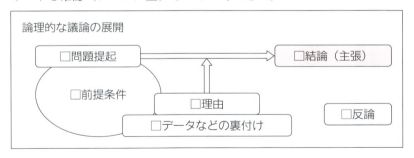

③わからない用語や興味がある事柄は徹底的に調べよう

　本を読んでいて，意味がわからない用語はそのままにせずにその場で調べましょう。それが深い理解につながります。また，面白いなと感じた事柄は，徹底的に調べてみましょう。それによって卒業論文のテーマにしたい分野がはっきりしてくるかもしれません。

◀2▶ レポートで，調べ，考え，書く訓練をしよう

　レポートを，調べ，論理的に考え，まとめて書く訓練の機会ととらえて，意識的に取り組みましょう。卒業論文を仕上げるだけでなく，自分のオリジナルの問いをつくるためにもこの作業が欠かせません。

卒業論文の取り組みを誰かに相談してみよう！

　卒論のための問いをつくるには，さまざまな資料を読みながら一人で考えることが大変重要です。しかしその一方，自分の考えを誰かに聞いてもらうことも同じくらい重要です。なぜなら，次のようなメリットがあるからです。

1) 人に聞いてもらうと考えがすすむ
　一人で考えていると煮詰まってきます。自分が何をしたいのか分からなくなってしまうこともよくあります。そのようなときにこそ誰かに相談しましょう。漠然とした考えも，口に出してみることで「自分はこんなことを考えていたのか！」という発見があるものです。

2) 人に質問されると考えがまとまる
　自分の考えを説明しようとしても，うまくいかないことがあります。「それどういうこと？」「なぜそう思うの？」と相手に質問されるかもしれません。苦しくても，その質問に何とか答えようとすることで，自分の考えがまとまっていくものです。

3) 自分が思いもよらなかった視点からアドバイスがもらえる
　一人で考えていると勘違いも起こります。「ものすごくいいものができた！」と有頂天になっているあなた。そのようなときにこそ誰かに自分の考えを聴いてもらいましょう。「こんな考え方もできるのでは？」「その考え方だと，重要点が抜けているよ。こんな資料があるから読んでみたら？」と，自分では気づかなかった点を補ってもらえるかもしれません。

4) 自信を持って先へ進むことができる
　話を聞いてもらって，相手から「いい問いだね」といわれたら，自信を持って取り組んでいくことができます。

　「何をどうしたらいいかわからない。困った。」というときは，誰かに相談しましょう。人に話を聞いてもらうのは，自分の進む方向があっているかどうかをチェックすることなのです。こま目にチェックすれば，間違った方向に行っていたとしてもすぐにロスを取り戻すことが出来ます。卒業論文などを仕上げる際に中間発表会が設定されているのは，発表者全員が自分の進み具合をチェックする機会が準備されているということなのです。

　相談する相手は，友人でも家族でも誰でもいいのですが，一緒に卒業論文に取り組んでいる同級生や，卒業論文を最近経験した先輩や院生，課題についてよくわかっている先生に相談すると，より親身で具体的なアドバイスがもらえる可能性が高いです。話しやすい，相性のあう相手をみつけて，折に触れて話を聞いてもらいましょう。

おわりに

レポート・論文の執筆は，試行錯誤の連続です。

　今回，この本をつくっているとき，私たちは試行錯誤の連続でした。実は，そのときにたくさんのカエルが私たちのまわりで跳ねまわっていました。

　特に目立っていたカエルを紹介します。

　　　　かんがえる
　　　　まちがえる
　　　　立ちかえる
　　　　組みかえる
　　　　書きかえる
　　　　ふりかえる

　レポート・論文を書くこともまた，本をつくるのと似たクリエイティブな作業です。そして，試行錯誤が連続する作業です。

　この本では，レポート・論文を書く作業の流れを直線的に表現せざるをえませんでしたが，実際の作業はもっと行きつ戻りつしながら進んでいきます。考える……，行き詰まって人に相談し間違いに気づく……，前にもどって考え直す……，構成を組み替える……，何度も書き直す……などの試行錯誤です。そうしていったんでき上がったと思っても，しっかり見直して最終チェックすることがとても重要です。上に書いたようなカエルが跳ねまわるようでなくてはならないのです。

　試行錯誤の繰り返しで，ときには「ひっくりかえる」「頭をかかえる」「もう…かえる」が跳びまわってしまうこともあるかもしれません。でも，こういった試行錯誤のなかで，批判的思考力や表現力などの能力も育ってきます。私たちは，レポート・論文執筆の試行錯誤のなかで，みなさんに成長してもらいたいという思いも込めてこの本をつくりました。

　カエルたちを意識してレポート・論文に取り組んでみてください。きっと素晴らしいレポート・論文が書けますよ！　そして，さまざまな能力も身についていくはずです。

　最後に，この本をつくるにあたり，実践を参考にさせていただいた，かえつ有明中・高等学校，慶應義塾普通部，田園調布学園中等部高等部の図書館司書・司書教諭の先生方，玉川学園「学びの技」の先生方に深く感謝いたします。

執筆者一同

参考文献

赤木かん子(2007)『テーマって…どうやってきめるの?』ポプラ社

赤木かん子・塩谷京子(2007)『しらべる力をそだてる授業!』ポプラ社

アドラー, M. J.・ドーレン, C.V. (1997)『本を読む本』外山滋比古・槇未知子訳 講談社

石井一成(2011)『ゼロからわかる大学生のためのレポート・論文の書き方』ナツメ社

石黒圭(2012)『この1冊できちんと書ける:論文・レポートの基本!』日本実業出版社

石坂春秋(2003)『レポート・論文・プレゼンスキルズ:レポート・論文執筆の基礎とプレゼンテーション』くろしお出版

石原千秋(2006)『大学生の論文執筆法』筑摩書房

泉忠司(2009)『90分でコツがわかる:論文&レポートの書き方!』青春出版社

井下千以子(2013)『思考を鍛えるレポート・論文作成法』慶應義塾大学出版会

今泉浩晃(1998)『マンダラMEMO学:Mandal-Art脳のOSを創る』オーエス出版社

小笠原喜康(2003)『インターネット完全活用編 大学生のためのレポート・論文術』講談社

大庭コテイさち子(2009)『考える・まとめる・表現する:アメリカ式「主張の技術」』NTT出版

科学技術振興機構(2007)『SIST 科学技術情報流通技術基準 SIST02-2007 参照文献の書き方』<http://sti.jst.go.jp/sist/pdf/SIST02-2007.pdf>(参照 2014-10-10)

小笠原喜康(2009)『新版 大学生のためのレポート・論文術』講談社

学習技術研究会(2011)『知へのステップ:大学生からのスタディ・スキルズ』第3版 くろしお出版

片岡則夫(1997)『情報大航海術:テーマのつかみ方・情報の調べ方・情報のまとめ方』リブリオ出版

木下是雄(1994)『レポートの組み立て方』筑摩書房

桑田てるみほか(2010)『言語能力の育成に学校図書館が果たす教育的役割の研究と教材開発』「第4回ことばと教育研究助成事業研究成果論文案」pp. 31-53

桑田てるみ(2011)『5ステップで情報整理!問題解決スキルノート』明治書院

桑田てるみ編著(2010)『思考力の鍛え方:学校図書館とつくる新しい「ことば」の授業』静岡学術出版

桑田てるみ編(2012)『中学生・高校生のための探究学習スキルワーク:6プロセスで学ぶ』全国学校図書館協議会

桑田てるみ・野村愛子・眞田章子(2010)『6プロセスで学ぶ中学生・高校生のための探求学習スキルワーク』

河野哲也(2002)『レポート・論文の書き方入門』第3版 慶應義塾大学出版会

酒井浩二(2009)『論理性を鍛えるレポートの書き方』ナカニシヤ出版

佐々木瑞枝ほか(2001)『大学で学ぶためのアカデミック・ジャパニーズ:中・上級者用日本語テキスト』The Japan Times

佐渡島紗織ほか(2008)『これから研究を書くひとのためのガイドブック:ライティングの挑戦15週間』ひつじ書房

澤田昭夫(1977)『論文の書き方』講談社

澤田昭夫(1983)『論文のレトリック:わかりやすいまとめ方』講談社

三森ゆりか(2013)『大学生・社会人のための言語技術トレーニング』大修館書店

初年次教育テキスト編集委員会編(2009)『フレッシュマンセミナーテキスト:大学新入生のための学び方ワークブック』東京電機大学出版局

白井利明・高橋一郎(2008)『よくわかる卒論の書き方』ミネルヴァ書房

関浩和(2002)『ウェッビング法:子どもと創出する教材研究法』明治図書出版

高崎みどり編著(2010)『大学生のための「論文」執筆の手引:卒論・レポート・演習発表の乗り切り方』秀和システム

宅間紘一(2008)『はじめての論文作成術:問うことは生きること』三訂版 日中出版

田中共子編(2010)『よくわかる学びの技法』第2版 ミネルヴァ書房

玉川学園 学園マルチメディアリソースセンター(2012)『MMRC ユーザーズガイド』

玉川学園「学びの技」担当職員（2012）『学びの技　テキストブック』
玉川学園「学びの技」担当職員（2012）『学びの技　参考文献リスト』
東京大学教育学部附属中等教育学校（2005）『生徒が変わる卒業研究：総合学習で育む個々の能力』東京書籍
東京大学教育学部附属中等教育学校（2000）『卒業研究ハンドブック』
戸田山和久（2012）『新版 論文の教室：レポートから卒論まで』NHK出版
中澤務ほか編（2007）『知のナヴィゲーター：情報と知識の海—現代を航海するための』くろしお出版
名古屋大学日本語研究会GK7（2009）『スキルアップ！日本語力：大学生のための日本語練習帳』東京書籍
長尾真監修・川崎良孝編（2001）『大学生の「情報の活用」：情報探索入門』増補版 京都大学図書館情報学研究会
成川豊彦（2010）『成川式文章の書き方：決定版』PHP研究所
西田みどり（2012）『「型」で書く文章論：誰でも書けるレポート講座』知玄舎
二通信子ほか（2009）『留学生と日本人学生のためのレポート・論文表現ハンドブック』東京大学出版会
日本図書館協会図書館利用委員会（2011）『問いをつくるスパイラル：考えることから探究学習をはじめよう！』日本図書館協会
庭井史絵ほか（2011）『地理で学ぶ6ステップ探究学習：学校図書館を活用したカンタン世界の国調べ』
ノヴァック，J. D.・ゴーウィン，D. B.（1992）『子どもが学ぶ新しい学習法：概念地図法によるメタ学習』福岡敏行・弓野憲一訳 東洋館出版社
野矢茂樹（2006）『新版 論理トレーニング』産業図書
浜田麻里・平尾得子・由井紀久子（1997）『大学生と留学生のための論文ワークブック』くろしお出版
花井等（1988）『こうすれば論文はできあがる：「A」のとれる着想とまとめかた』ネスコ
花井等・若松篤（1997）『論文の書き方マニュアル：ステップ式リサーチ戦略のすすめ』有斐閣
藤田節子（2002）『新訂 図書館活用術：探す・調べる・知る・学ぶ』日外アソシエーツ
藤田節子（2009）『レポート・論文作成のための引用・参考文献の書き方』日外アソシエーツ
細川英雄（2008）『論文作成デザイン：テーマの発見から研究の構築へ』東京図書
堀田龍也・塩谷京子（2007）『学校図書館で育む情報リテラシー：すぐ実践できる小学校の情報活用スキル』全国学校図書館協議会
松田孝志（2008）『居場所づくりを支援する：心を揺さぶる授業』NTS研究所
松本茂・河野哲也（2007）『大学生のための「読む・書く・プレゼン・ディベート」の方法』玉川大学出版部
三輪眞木子（2003）『情報検索のスキル：未知の問題をどう解くか』中央公論新社
ミント，バーバラ（1999）『考える技術・書く技術：問題解決力を伸ばすピラミッド原則』新版 山崎康司訳　ダイヤモンド社
森靖雄（1995）『大学生の学習テクニック』大月書店
山内志朗（2001）『ぎりぎり合格への論文マニュアル』平凡社
山形大学基盤教育院（2010）『なせば成る！：スタートアップセミナー学習マニュアル』山形大学出版会
山田剛史・林創（2011）『大学生のためのリサーチリテラシー入門：研究のための8つの力』ミネルヴァ書房
吉田健正（2004）『大学生と大学院生のためのレポート・論文の書き方』第2版 ナカニシヤ出版
吉原恵子ほか（2011）『スタディスキルズ・トレーニング：大学で学ぶための25のスキル』実教出版

索引 INDEX

A-Z

5W1H ……………………………… 39
CiNii Articles ……………………… 87
CiNii Books ………………………… 88
Google Scholar …………………… 87
JapanKnowledge ………………… 85
KJ法 ………………………………… 39
NDC ………………………………… 89
OPAC ……………………………… 88
PDF ………………………………… 87
Wikipedia ………………………… 72

あ

アウトライン …………… 106, 109
意見 ………………………… 53, 54
5つの構成要素 …………………… 12
インタビュー調査 ……………… 119
引用 ………… 14, 15, 16, 17, 120
奥付 ………………………………… 20
オリジナルな問い ……………… 117
オンライン・ストレージ ……… 96
オンラインデーターベース …… 19

か

カーリル …………………………… 88
書き言葉 …………………… 58, 66
間接引用 ……………… 16, 47, 63
キーワード ……………… 40, 72, 83
開藏Ⅱ ……………………………… 85
クリティカル・シンキング …… 50
敬体 ………………………………… 58
結論（おわりに） ………………… 12
検索エンジン ……………………… 83
検索オプション …………………… 83
項 ………………………………… 111
考察 ………………………………… 53
構想メモ …………………………… 44
購入希望図書制度 ……………… 89

コトバンク ………………………… 85
国立国会図書館 …………………… 87
コピー＆ペースト ………… 4, 14
根拠 ………………………………… 55
根拠の並べ方 …………… 55, 104

さ

参考文献 ………………… 16, 22
参考文献リスト …………………… 18
思考図 ……………………………… 40
思考スキル ………………………… 40
事実 ………………………………… 54
支持文 ……………………………… 13
質的研究 ………………………… 119
質問紙調査 ……………………… 119
収束型思考 ………………………… 40
主題文 ……………………………… 13
主張 ……………………… 11, 27, 46
章 ………………………………… 111
常体 ………………………… 10, 58
章立て …………………… 110, 111
情報カード ………………………… 97
情報検索講習会 …………………… 89
書式設定 …………………………… 34
書誌情報 …………………… 12, 95
序論（はじめに） ……… 12, 102, 103
新書 ………………………………… 84
新書マップ ………………… 72, 84
新聞記事 …………………………… 49
新聞記事データベース ………… 85
スキミング ………………………… 91
スキャニング ……………………… 91
図表・グラフ …………… 17, 35, 45
節 ………………………………… 111
接続語 ……………………… 53, 60
先行研究 …………………………… 27
総務省統計局サイト ……………… 84
卒業論文 ………………………… 116

た

大学図書館 ………………………… 85
直接引用 …………………… 16, 63
著作権 ……………………………… 14
体裁 ………………………… 34, 35
提出前チェックシート ………… 113
データベース ……………… 82, 87
問い ………………………………… 27
ドメイン …………………………… 83

な

日本十進分類法 …………………… 89
抜き書き …………………………… 42

は

配架 ………………………………… 89
白書 ………………………………… 84
発散型思考 ………………… 39, 75
話し言葉 …………………… 58, 66
パラグラフ …………… 13, 47, 90
パラグラフ・ライティング
   ………………………………… 13, 55
批判的思考 ………………………… 50
剽窃 ………………………………… 14
ファイルタイプ …………………… 83
付箋 ………………………………… 42
ブックレポート ……… 26, 30, 31
文献 ………………………………… 12
文献リスト …………… 18, 94, 95
棒グラフ …………………………… 44
報告型レポート ……… 25, 28, 29
本論 ………………………… 12, 13

ま

毎索 ………………………………… 85
孫引き …………………… 14, 120
マッピング ………………………… 39
マトリックス ……………………… 41

マンダラート ……………………… 39
メモ ……………………… 43, 45
目次 ……………………… 90

や

要旨 ……………………… 46
要約 ……………………… 46
ヨミダス歴史館 ……………………… 85

ら

ラベリング ……………………… 98, 99
リサーチ・クエスチョン
…… 27, 74, 75, 76, 98, 99, 102, 103
量的研究 ……………………… 119
レファレンス・サービス ……………… 89
レポート ……………………… 10, 11, 116
論文 ……………………… 10, 11, 116

本書の関連データがWebサイトからダウンロードできます。

https://www.jikkyo.co.jp/download/ で

「学生のレポート・論文作成トレーニング改訂版」を検索してください。

提供データ：ワークシート

■執筆

桑田てるみ　国士舘大学21世紀アジア学部教授

江竜珠緒　明治大学付属明治高等学校中学校司書教諭

押木和子　新潟県立新潟高等学校教諭

勝亦あき子　東京大学教育学部附属中等教育学校教諭・東京大学教育学部非常勤講師

松田ユリ子　神奈川県立田奈高等学校学校司書・法政大学キャリアデザイン学部非常勤講師

●表紙デザイン――(株)エッジ・デザインオフィス
●本文デザイン――(株)エッジ・デザインオフィス

学生のレポート・論文作成トレーニング　改訂版
スキルを学ぶ21のワーク

2013年9月20日　初版第1刷発行
2015年1月1日　改訂版第1刷発行
2024年12月20日　改訂版第12刷発行

- ●執筆者　桑田てるみ　ほか4名（別記）
- ●発行者　小田良次
- ●印刷所　共同印刷(株)
- ●発行所　実教出版株式会社

〒102-8377
東京都千代田区五番町5番地
電　話［営　業］(03)3238-7765
　　　［企画開発］(03)3238-7751
　　　［総　務］(03)3238-7700
https://www.jikkyo.co.jp

無断複写・転載を禁ず

© T. Kuwata, T.Eryu, K. Oshiki, A.Katsumata, Y. Matsuda

ISBN　978-4-407-33614-6　C1037　　　Printed in Japan